달달 읽고 곰곰 생각하는

달곰한
문해력

초등 어휘

달곰한 공부계획

국어

주제 01	주제 02	주제 03	주제 04	주제 01~04 주간 학습
월 / 일	월 / 일	월 / 일	월 / 일	월 / 일
주제 05	주제 06	주제 07	주제 08	주제 05~08 주간 학습
월 / 일	월 / 일	월 / 일	월 / 일	월 / 일

사회

주제 01	주제 02	주제 03	주제 04	주제 01~04 주간 학습
월 / 일	월 / 일	월 / 일	월 / 일	월 / 일
주제 05	주제 06	주제 07	주제 08	주제 05~08 주간 학습
월 / 일	월 / 일	월 / 일	월 / 일	월 / 일

과학

주제 01	주제 02	주제 03	주제 04	주제 01~04 주간 학습
월 / 일	월 / 일	월 / 일	월 / 일	월 / 일
주제 05	주제 06	주제 07	주제 08	주제 05~08 주간 학습
월 / 일	월 / 일	월 / 일	월 / 일	월 / 일

　우리는 매일 국어, 과학, 사회 등의 교과 수업을 들으며 새로운 낱말을 만나요. 이 낱말들은 우리가 세상을 이해하고, 더 많은 지식을 쌓는 데 도움을 주어요. 하지만 낱말의 뜻을 잘 모르면 공부가 어려워질 수 있어요.

　'달곰한 문해력 초등 어휘'는 여러분이 일상생활뿐만 아니라 교과 과목에서 자주 만나는 중요한 낱말들을 재미있게 익힐 수 있도록 도와줄 거예요. 그림과 함께 이야기를 읽으며 낱말의 뜻을 추론하고, 어휘 반복 학습을 통해 낱말을 확실히 익힐 수 있도록 구성했어요. 여러분의 어휘력이 쑥쑥 자라도록 도와줄게요.

　그럼, 이제 '달곰한 문해력 초등 어휘'를 시작해 봐요!

WHY 왜 어휘를 따로 공부해야 할까요?

어휘는 문해력의 기본

어휘는 문해력의 기본이 되기 때문입니다. 문해력은 단순히 글을 읽고 해석하는 것에서 나아가 글과 문장 속에 숨어 있는 맥락을 찾아내고 그것을 내재화하여 확장하는 능력까지 포함되는 것입니다. 이를 위해서는 글과 문장 속에 있는 어휘의 정확한 뜻을 인지하고 있어야 합니다. 뜻 해석을 넘어 문장과 글, 다른 상황에도 확장하여 활용할 수 있어야 하기 때문입니다.

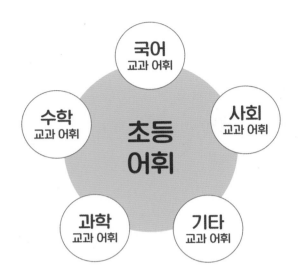

어휘는 모든 교과서의 기본

부족한 어휘 지식은 국어만이 아니라 수학, 사회, 과학을 학습할 때도 맥락과 상황, 현상을 이해하는 데 걸림돌이 될 수 있습니다. 모든 교과 학습에서 기본은 우리말인 국어이며 각 교과에서 필수적으로 알아야 할 어휘들이 바탕이 되어야 온전히 교과 학습을 이해할 수 있습니다.

WHAT 어떤 어휘를 공부해야 할까요?

학년별 필수 교과 어휘

어휘 공부에서 가장 기본적인 바탕이 되는 것은 교육과정에 따른 교과 어휘입니다. 따라서 과목별로 교과 필수 어휘를 공부하는 것이 가장 중요합니다. 이때 어휘는 과목별로 따로 익혀야 합니다. 교육과정에 따른 각 과목의 교과 어휘를 별도로 학습해야 해당 교과를 공부할 때 어휘를 적재적소에 활용할 수 있기 때문입니다. 또한 해당 학년 외에 선행 어휘를 익힐 필요도 있습니다. 학년에 맞는 수준으로 쓴 글이나 문장도 일부 어휘의 난이도가 높을 수 있기 때문입니다.

학습이 필요한 어휘

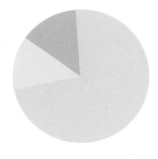

■ **학년 필수 교과 어휘**   ■ 선행 어휘
■ 알고 있다고 생각하지만 모르는 어휘

HOW 어떻게 어휘를 공부해야 할까요?

의미 연결 학습

어휘를 단순히 나열하여 암기하는 방법으로는 어휘를 오래 기억하고 내재화하기 어렵습니다. 따라서 어휘는 의미를 연결 지어 학습하는 것이 효과적입니다.

문맥 속 추론 학습

어휘의 뜻만 기억하는 것보다, 어휘가 사용된 문맥 속에서 직접 추론하고 뜻을 익히면 기억에 오래 남아 다른 상황에서도 해당 어휘를 효과적으로 활용할 수 있습니다.

반복 학습

어휘력 향상은 기억력과의 싸움입니다. 따라서 반복 학습을 통해 어휘를 계속 기억할 수 있도록 해야 합니다. 해당 어휘가 사용되는 여러 상황을 반복적으로 접함으로써 어휘의 활용 능력도 향상시킬 수 있습니다.

달곰한 문해력 초등 어휘
한 권으로 어휘 학습 완성!

『달곰한 문해력 초등 어휘』는 각 학년 교과 필수 어휘를 완벽하게 익히는 완전 학습이 가능합니다. 교과 어휘 중 가장 핵심적인 어휘를 선정하여 주제별로 묶어 어휘를 의미적으로 연결하여 학습합니다. 지문의 문맥 속에서 추론하며 익히고, '일일 학습-주간 학습-어휘 평가'까지 세 번의 반복 학습을 통해 완전 학습이 가능합니다.

주제 낱말밭을 통해 의미적으로 연결된 **어휘 학습**

지문을 통해 문맥 속 어휘의 뜻 **추론 학습**

[일일 학습-주간 학습-어휘 평가]로 이어지는 **반복 학습**

어휘 완성!

이 책의 활용법

나에게 맞는 어휘 **학습 주기**로 계획을 세워 공부해요.

10일

과목별 집중 학습

국어, 사회, 과학 어휘를
순서대로 각각 10일씩
총 30일 학습해요.

국어
10일

↓

사회
10일

↓

과학
10일

↓

어휘 평가

5일

과목별 선택 학습

국어, 사회, 과학 중
원하는 과목을 골라서
5일씩 학습을 두 번 해요.

국어
5일

사회
5일

과학
5일

2회 반복

↓

어휘 평가

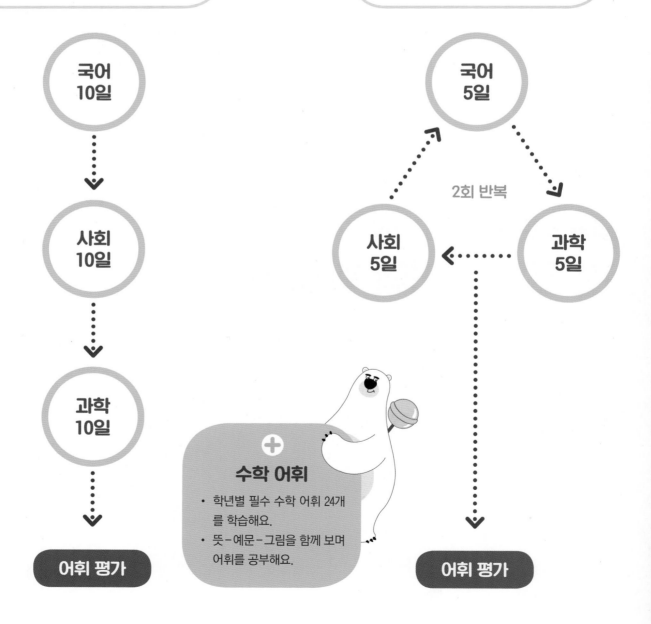

✚ 수학 어휘

- 학년별 필수 수학 어휘 24개
  를 학습해요.
- 뜻 – 예문 – 그림을 함께 보며
  어휘를 공부해요.

이 책을 추천하는
선생님의 한 마디

**"달곰한 문해력 초등 어휘와 함께
체계적인 어휘 학습을 시작해 보세요"**

추천사 **김택수 교수님**
경희사이버대학교
한국어문화학부 초빙교수

어휘력은 우리의 삶과 세상을 이해하는 가장 기본이 되는 도구입니다. 단순히 많은 단어를 아는 것을 넘어서서, 단어들이 담고 있는 깊이 있는 의미와 뉘앙스를 이해하고, 이를 통해 세상을 더욱 섬세하게 바라볼 수 있게 해주는 중요한 역할을 합니다.

어휘를 잘 모르면 어떤 일이 벌어질까요? 단어의 뜻을 모르므로 글에 대한 이해력이 떨어지고, 학습에 어려움을 겪게 될 것입니다. 또래 친구들과의 소통에서 문제가 생길 수도 있습니다. 어휘력이 낮으므로 자신을 표현할 수단이 적어 자기 생각과 감정을 정확하게 표현하기 어렵게 됩니다. 이에 따라 사회적 관계 형성과 유지 등 사회적 측면에서도 어려움을 경험하게 할 수 있습니다.

이러한 문제가 생기지 않게 하기 위해서는 체계적인 접근이 필요합니다. 먼저, 주제별 필수 어휘 학습을 시작으로 기초 어휘를 이해하고 단계적으로 확장하는 체계적인 어휘 학습이 매우 중요합니다.

또한 어휘를 단순히 나열하고 암기하는 방식이 아닌 추론과 반복 학습을 통해 여러 가지 상황과 다양한 문맥에서 그 의미를 이해하는 맥락 중심의 학습이 필요합니다. 여기에 규칙적이고 지속적인 복습과 적용 연습을 통한 반복 학습이 더해지면 학습자의 어휘력은 더욱 성장하게 될 것입니다.

'달곰한 문해력 초등 어휘'는 이러한 요소들을 통합적으로 제공합니다. '주제 낱말밭'을 통해 어휘를 의미적으로 연결한 어휘 학습을 제공하며, 단계적인 어휘력 향상과 맥락 속에서 자연스럽게 어휘를 이해하는 능력을 신장하는 데 도움을 줍니다.

이러한 과정을 통해 차근차근 하나하나 주어진 과제를 수행하면 '세상을 이해하는 단단한 틀'을 지니게 될 뿐만 아니라 다채로운 생각과 시선으로 삶을 마주하리라 생각합니다.

이 책의
구성과 특징

① 낱말밭

주제 어휘로 구성된 낱말밭의 그림과 이야기를 살펴보며 낱말의 뜻을 추론해요.

② 긴 글 읽기

다양한 종류의 긴 글을 읽으며 어휘의 뜻을 추론해요.

③ 낱말밭 사전

어휘의 정확한 뜻을 확인하고 익혀요.

④ 낱말밭 일일 학습 (1단계 확인과 적용)

여러 가지 유형의 어휘 확인 및 적용 문제를 풀면서 어휘를 학습해요.

⑤ 낱말밭 일일 학습 (2단계 활용)

앞에서 배운 어휘를 활용하여 문장을 직접 만들어 써 봐요.

⑥ 낱말밭 주간 학습

다양한 유형의 문제를 풀면서 4일간 학습한 어휘를 반복 학습해요.

⑦ 디지털 속 한 문장

실생활에서 자주 접하는 디지털 장면에서 어휘를 활용한 글쓰기를 해 봐요.

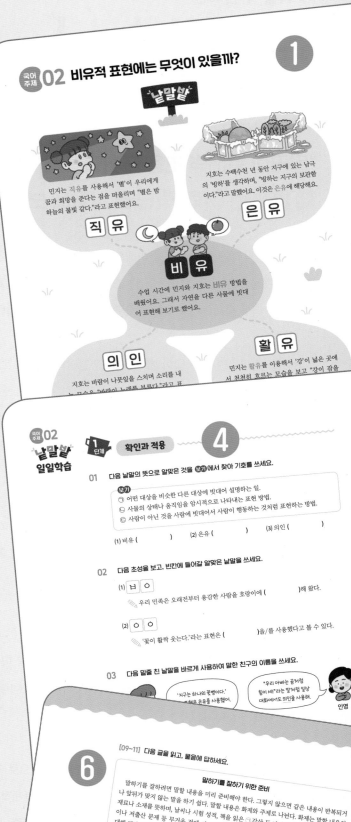

다음 글을 읽으며, 빈칸에 들어갈 낱말을 낱말밭에서 찾아 써 보세요.

2

어떤 대상을 그것과 공통점을 가진 다른 대상에 빗대어 표현하는 것을 (1) ⬚ ⬚ (이)라고 한다. 이 방법을 사용하면 나타내고자 하는 대상의 성질이나 모양을 더 뚜렷하고 생생하게 표현할 수 있다. 비유 중에서 '같이', '처럼', '듯이' 등과 같은 연결어를 사용하여 두 대상을 직접 비유하는 방법을 (2) ⬚ ⬚ (이)라고 한다. 그리고 연결어를 쓰지 않고 한 대상을 다른 대상에 빗대어 'A는 B이다.'와 같이 표현하는 방법을 (3) ⬚ ⬚ (이)라고 한다. 이 표현 방법은 두 대상의 공통점이 직접 드러나지 않아서 독자의 상상력을 자극한다.

사람이 아닌 대상을 사람처럼 표현하는 방법을 (4) ⬚ ⬚ (이)라고 한다. 이 표현 방법을 사용하기 위해서는 언어 사용이나 문화생활 등 사람만의 특성이 드러나야 한다. 그리고 무생물을 생물처럼 표현하거나 감정이 없는 대상을 감정이 있는 것처럼 표현하는 방법을 (5) ⬚ ⬚ (이)라고 한다.

이렇게 여러 가지 비유 방법들은 언어를 풍부하고 재미있게 만들어 주고, 우리의 상상력과 이해를 넓혀 준다.

3 　　　　　확인 ☑

낱말밭 사전

* 비유 어떤 대상을 비슷한 다른 대상에 빗대어 설명하는 일.

05 다음 빈칸에 공통으로 들어갈 알맞은 낱말을 보기에서 찾아 쓰세요.

> 보기
> 　의인　　직유　　활유

고려 시대에는 엽전이나 술 같은 사물에 인격을 부여하는 ⬚⬚⬚을/를 활용하여 교훈을 담은 이야기가 많이 만들어졌다. ⬚⬚⬚은/는 무생물을 생물처럼 표현하는 방법과 비슷하지만, 사람만의 고유한 특징을 대상에 부여한다는 점이 다르다.

(　　　)

06 다음 ㉠과 ㉡에 들어갈 알맞은 낱말을 바르게 짝 지은 것은 무엇인가요? (　)

시인은 여러 가지 비유를 사용해 시를 아름답게 표현하고 주제를 효과적으로 전달한다. ㉠ 는 '같이', '처럼', '듯이'와 같은 연결어를 사용해 두 대상을 빗대는 방법이다. 예를 들어, '그의 눈은 별처럼 빛난다.'에서 '처럼'이라는 말이 '그의 눈'과 '별'이라는 두 대상을 연결해 준다. ㉡ 는 연결어 없이 한 대상을 다른 대상에 빗대는 방법이다. 예를 들어, '그는 빛나는 별이다.'에서 '빛나는 별'은 '그'의 상태를 빗대어 표현한 것이다.

① ㉠: 은유 – ㉡: 의인
② ㉠: 은유 – ㉡: 직유
③ ㉠: 의인 – ㉡: 활유
④ ㉠: 직유 – ㉡: 은유
⑤ ㉠: 직유 – ㉡: 활유

2단계 　활용　 **5**

07 다음 보기와 같이 주어진 낱말을 넣어 짧은 문장을 만들어 쓰세요.

> 보기
> 　은유
> ✎ '내 마음은 호수요.'라는 문장에는 은유가 사용되었다.

(1) 비유

7 🦋 디지털 속 한 문장 　정답 및 해설 8쪽

다음을 보고, 감상이라는 낱말을 넣어 최근에 본 연극이나 영화에 관한 글을 써 보세요.

#감상 #연극 #한○○○

 부록

▶ 수학 필수 어휘

▶ 국어 / 사회 / 과학 어휘 확인

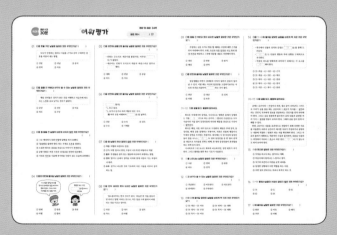

▶ 국어 / 사회 / 과학 어휘 평가

이 책의 차례

부록

· 국어 / 사회 / 과학 어휘 확인

· 국어 어휘 평가   · 사회 어휘 평가   · 과학 어휘 평가

국어

01~04

주제별로 묶어 어휘를 의미적으로 연결하여 학습해 봐!

낱말밭

민서는 '동물 실험은 필요하지 않다.'라는 주장을 내세우며, 동물 실험을 대체할 기술이 많다고 말했어요.

주 장

민서는 '동물 실험이 동물 학대와 같다.'라는 근거를 제시했어요. 또한, 동물도 고통을 느낄 수 있다고 말했어요.

근 거

토 론

학교에서 '동물 실험을 금지해야 한다.'라는 주제로 **토론**을 벌였어요. 민서는 찬성 측 입장으로 토론에 참여했어요.

반 론

반대 측에서는 '동물 실험이 인간의 건강을 위해 필요하다.'라고 주장했지만, 민서는 '동물도 인간과 같은 생명체'라고 **반론**했어요.

설 득

민서는 자신의 주장을 뒷받침할 여러 근거와 반론 자료를 준비했고, 결국 반대 측을 **설득**할 수 있었어요.

다음 글을 읽으며, 빈칸에 들어갈 낱말을 낱말밭에서 찾아 써 보세요.

　　사회 구성원들이 어떤 공동의 문제에 대해 찬성과 반대의 입장으로 나뉘는 경우가 있다. 이런 문제를 두고 찬성 측과 반대 측이 각각 자신의 [1] <u>ㅈ　ㅈ</u> 이/가 옳다는 것을 내세우며, 상대방의 주장이 잘못되었음을 지적하는 말하기 방식을 [2] <u>ㅌ　ㄹ</u> (이)라고 한다. 토론은 참가자들이 문제를 더 잘 이해하고, 합리적으로 문제를 해결할 수 있도록 돕는다.

　　토론에 참여할 때는 먼저 토론 주제와 관련된 자신의 주장을 정해야 한다. 토론은 일반적으로 찬성과 반대가 분명히 나뉘는 문제를 대상으로 한다. 따라서 주장은 토론 주제에 대해 찬성이나 반대의 입장을 명확하게 드러내야 한다. 주장을 정한 뒤에는 이를 뒷받침할 수 있는 다양한 자료를 수집해 [3] <u>ㄱ　ㄱ</u> (으)로 삼아야 한다. 이때 근거는 충분한 타당성과 객관성을 지녀야 하며, 상대방이 내세울 주장과 근거에 대한 [4] <u>ㅂ　ㄹ</u> 이/가 될 수도 있어야 한다. 즉, 토론에서는 자신의 주장만 강조하는 것이 아니라 상대방의 주장이 옳지 않다는 점에 대해서도 지적할 수 있어야 한다. 그래야만 상대방과 청중에게 자신의 주장이 옳다는 것을 [5] <u>ㅅ　ㄷ</u> 할 수 있다.

낱말밭 사전

확인☑

* **토론**　어떤 문제에 대해 여러 사람이 각각 자신의 의견을 말하며 자신의 주장이 옳음을 내세우는 말하기 방식. ☐

* **주장**　자기의 의견이나 이론을 굳게 내세움. 또는 그런 의견이나 이론. ☐

* **근거**　어떤 일이나 판단, 주장이 나오게 된 바탕이나 까닭. ☐

* **반론**　남의 주장이나 의견에 반대하여 말하는 것. ☐

* **설득**　상대편이 이쪽 편의 이야기를 따르도록 여러 가지로 깨우쳐 말함. ☐

01 다음 뜻을 가진 낱말을 보기에서 찾아 쓰세요.

> **보기**
>
> 근거   설득   주장

(1) 어떤 일이나 판단, 주장이 나오게 된 바탕이나 까닭. (   )

(2) 자기의 의견이나 이론을 굳게 내세움. 또는 그런 의견이나 이론. (   )

(3) 상대편이 이쪽 편의 이야기를 따르도록 여러 가지로 깨우쳐 말함. (   )

02 다음 초성을 보고, 빈칸에 들어갈 알맞은 낱말을 쓰세요.

(1) ㅂ ㄹ

✎ 주희는 동물 실험이 필요하다는 민수의 주장에 (   )을/를 했다.

(2) ㅈ ㅈ

✎ 이 연구는 '운동이 건강에 도움을 준다.'라는 (   )을/를 뒷받침한다.

03 다음 빈칸에 들어갈 낱말을 보기에 있는 글자 카드로 만들어 쓰세요.

> **보기**
>
> 득   론   설   토

(1) 학생들은 동물원의 폐지를 주제로 (   )을/를 했다.

(2) 경찰은 범인을 (   )해 잘못을 스스로 고백하게 만들었다.

04 다음 밑줄 친 부분과 뜻이 비슷한 낱말로 알맞은 것은 무엇인가요? (   )

> 많은 사람이 레오나르도 다빈치의 그림 「모나리자」가 입체적으로 보인다고 말해
> 왔다. 이러한 의견의 까닭은 2006년에 밝혀졌다. 다빈치는 그림을 그릴 때 가는 붓
> 을 사용하여 수십 번의 미세한 붓질을 반복하는 기법을 적용했기 때문이다. 이 기법
> 은 그림 속 얼굴의 윤곽선을 흐릿하게 표현하여 입체적으로 보이게 한다.

① 근거   ② 반론   ③ 설득   ④ 주장   ⑤ 토론

05 다음 밑줄 친 낱말과 같은 낱말이 들어갈 문장에 ○표 하세요.

> 찬성 측 토론자가 반대 측 토론자의 주장에 <u>반론</u>을 펼쳤다.

① 학교에 퍼졌던 소문은 [　　　] 없는 이야기였다. (　　　　)

② 나는 그녀의 완벽한 논리에 [　　　]을/를 할 수 없었다. (　　　　)

③ 어머니의 끈질긴 [　　　]에 진우는 태권도를 배우기로 결정했다. (　　　　)

06 다음 ㉠과 ㉡에 들어갈 알맞은 낱말을 **보기**에서 찾아 쓰세요.

> **보기**
>
> 근거　　　　반론　　　　주장

> 논설문은 글쓴이의 [㉠]와/과 이를 뒷받침하는 [㉡](으)로 구성되어 있다. 일반적으로 서론, 본론, 결론으로 이루어진다. 서론에는 글을 쓰게 된 문제 상황과 이에 대한 글쓴이의 [㉠]이/가 제시된다. 본론에서는 여러 가지 [㉡]이/가 제시되고, 결론에서는 앞의 내용을 요약하며 글쓴이의 입장을 다시 한번 강조하고 마무리한다.

(1) ㉠: (　　　　　　) (2) ㉡: (　　　　　　)

2단계 활용

07 다음 **보기**와 같이 주어진 낱말을 넣어 짧은 문장을 만들어 쓰세요.

> **보기**
>
> 반론
>
> ✎ 준수는 서아가 자신의 말에 <u>반론</u>을 펴자 얼굴을 찌푸렸다.

(1) 설득

(2) 토론

낱말밭

민지는 **직유**를 사용해서 '별'이 우리에게 꿈과 희망을 준다는 점을 떠올리며 "별은 밤 하늘의 불빛 같다."라고 표현했어요.

지호는 수백수천 년 동안 지구에 있는 남극의 '빙하'를 생각하며, "빙하는 지구의 보관함이다."라고 말했어요. 이것은 **은유**에 해당해요.

직 유

은 유

비 유

수업 시간에 민지와 지호는 **비유** 방법을 배웠어요. 그래서 자연을 다른 사물에 빗대어 표현해 보기로 했어요.

의 인

지호는 바람이 나뭇잎을 스치며 소리를 내는 모습을 "바람이 노래를 부른다."라고 표현했어요. 이는 **의인**에 해당해요.

활 유

민지는 **활유**를 이용해서 '강'이 넓은 곳에서 천천히 흐르는 모습을 보고 "강이 잠을 잔다."라고 표현했어요.

다음 글을 읽으며, 빈칸에 들어갈 낱말을 낱말밭에서 찾아 써 보세요.

어떤 대상을 그것과 공통점을 가진 다른 대상에 빗대어 표현하는 것을 (1) ㅂㅇ (이)라고 한다. 이 방법을 사용하면 나타내고자 하는 대상의 성질이나 모양을 더 뚜렷하고 생생하게 표현할 수 있다.

비유 중에서 '같이', '처럼', '듯이' 등과 같은 연결어를 사용하여 두 대상을 직접 비유하는 방법을 (2) ㅈㅇ (이)라고 한다. 그리고 연결어를 쓰지 않고 한 대상을 다른 대상에 빗대어 'A는 B이다.'와 같이 표현하는 방법을 (3) ㅇㅇ (이)라고 한다. 이 표현 방법은 두 대상의 공통점이 직접 드러나지 않아서 독자의 상상력을 자극한다.

사람이 아닌 대상을 사람처럼 표현하는 방법을 (4) ㅇㅇ (이)라고 한다. 이 표현 방법을 사용하기 위해서는 언어 사용이나 문화생활 등 사람만의 특성이 드러나야 한다. 그리고 무생물을 생물처럼 표현하거나 감정이 없는 대상을 감정이 있는 것처럼 표현하는 방법을 (5) ㅎㅇ (이)라고 한다.

이렇게 여러 가지 비유 방법들은 언어를 풍부하고 재미있게 만들어 주고, 우리의 상상력과 이해를 넓혀 준다.

낱말밭 사전

확인 ☑

* **비유** 어떤 대상을 비슷한 다른 대상에 빗대어 설명하는 일. ☐

* **직유** 비슷한 성질이나 모양을 가진 두 대상을 직접 빗대어서 표현하는 방법. ☐

* **은유** 사물의 상태나 움직임을 암시적으로 나타내는 표현 방법. ☐

* **의인** 사람이 아닌 것을 사람에 빗대어서 사람이 행동하는 것처럼 표현하는 방법. ☐

* **활유** 무생물을 살아 있는 생물에 비유하여 표현하는 방법. ☐

확인과 적용

01 다음 낱말의 뜻으로 알맞은 것을 **보기**에서 찾아 기호를 쓰세요.

> **보기**
> ㉠ 어떤 대상을 비슷한 다른 대상에 빗대어 설명하는 일.
> ㉡ 사물의 상태나 움직임을 암시적으로 나타내는 표현 방법.
> ㉢ 사람이 아닌 것을 사람에 빗대어서 사람이 행동하는 것처럼 표현하는 방법.

(1) 비유 (   )　　(2) 은유 (   )　　(3) 의인 (   )

02 다음 초성을 보고, 빈칸에 들어갈 알맞은 낱말을 쓰세요.

(1) ㅂ ㅇ

　　✎ 우리 민족은 오래전부터 용감한 사람을 호랑이에 (   )해 왔다.

(2) ㅇ ㅇ

　　✎ '꽃이 활짝 웃는다.'라는 표현은 (   )을/를 사용했다고 볼 수 있다.

03 다음 밑줄 친 낱말을 바르게 사용하여 말한 친구의 이름을 쓰세요.

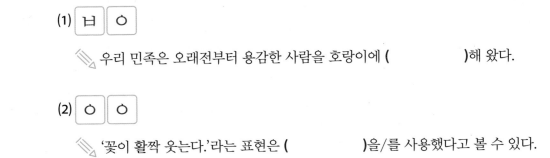

명호: '지구는 하나의 꽃병이다.'라는 표현은 은유를 사용했어.

인영: "우리 아빠는 곰처럼 힘이 세!"라는 말처럼 일상 대화에서도 의인을 사용해.

(   )

04 다음 밑줄 친 부분과 뜻이 비슷한 낱말로 알맞은 것은 무엇인가요? (   )

> 시나 소설 같은 문학 작품에서 글쓴이가 표현하고자 하는 대상을 '원관념'이라 하고, 그것을 빗댄 공통점이 있는 다른 대상을 '보조 관념'이라고 한다. 이때, 원관념을 보조 관념에 직접 빗대어 표현하면 글쓴이가 말하고 싶은 사물의 특성이나 모양, 현상 등을 더욱 생생하고 실감 나게 전달할 수 있다.

① 근거　　② 은유　　③ 의인　　④ 직유　　⑤ 활유

05 다음 빈칸에 공통으로 들어갈 알맞은 낱말을 **보기**에서 찾아 쓰세요.

> **보기**
>
> 의인   직유   활유

> 고려 시대에는 엽전이나 술 같은 사물에 인격을 부여하는 [   ]을/를 활용하여 교훈을 담은 이야기가 많이 만들어졌다. [   ]은/는 무생물을 생물처럼 표현하는 방법과 비슷하지만, 사람만의 고유한 특징을 대상에 부여한다는 점이 다르다.

(   )

06 다음 ㉠과 ㉡에 들어갈 알맞은 낱말을 바르게 짝 지은 것은 무엇인가요? (   )

> 시인은 여러 가지 비유를 사용해 시를 아름답게 표현하고 주제를 효과적으로 전달한다. [㉠]는 '같이', '처럼', '듯이'와 같은 연결어를 사용해 두 대상을 빗대는 방법이다. 예를 들어, '그의 눈은 별처럼 빛난다.'에서 '처럼'이라는 말이 '그의 눈'과 '별'이라는 두 대상을 연결해 준다. [㉡]는 연결어 없이 한 대상을 다른 대상에 빗대는 방법이다. 예를 들어, '그는 빛나는 별이다.'에서 '빛나는 별'은 '그'의 상태를 빗대어 표현한 것이다.

① ㉠: 은유 – ㉡: 의인   ② ㉠: 은유 – ㉡: 직유   ③ ㉠: 의인 – ㉡: 활유

④ ㉠: 직유 – ㉡: 은유   ⑤ ㉠: 직유 – ㉡: 활유

2 단계   활용

07 다음 **보기**와 같이 주어진 낱말을 넣어 짧은 문장을 만들어 쓰세요.

> **보기**
>
> 은유
>
> ✎ '내 마음은 호수요.'라는 문장에는 은유가 사용되었다.

(1) 비유

✎ --

(2) 직유

✎ --

낱말밭

서준이가 가족 여행을 글로 남기려는 **목적**은 오랜만에 가족과 함께한 여행을 오래도록 기억하고 싶기 때문이에요.

목 적

가족 여행은 서울에서 출발해 첫날에는 강릉을 돌아보고, 다음 날에는 속초로 이동해서 또 하루를 보내는 **여정**이었어요.

여 정

기 행 문

서준이는 가족과 함께 2박 3일 동안 강원도로 여행을 다녀왔어요. 서준이는 이번 여행에 대한 **기행문**을 쓰기로 했어요.

견 문

서준이는 이번 여행에서 동해와 울산 바위, 경포호에 가서 강원도에 대한 **견문**을 쌓았어요. 그중에서 경포호가 가장 기억에 남았어요.

감 상

서준이는 공책에 '경포호가 참 넓고 맑다.'라는 **감상**을 적었어요. 그리고 이런 곳에서 살고 싶다고 생각했어요.

다음 글을 읽으며, 빈칸에 들어갈 낱말을 낱말밭에서 찾아 써 보세요.

여행하면서 보고 듣고 느끼고 겪은 것을 적은 글을 (1)⌷ㄱ ㅎ ㅁ⌷이라고 한다. 기행문은 들어가야 할 내용은 있지만 특별히 정해진 형식이 없으므로 자유롭게 쓸 수 있다. 주로 수필, 일기, 편지글, 보고문 등과 같은 형식으로 쓴다.

기행문은 여행의 경험을 바탕으로 하는 사실적인 글이기 때문에, 시간의 흐름과 여행의 경로에 따라 전개되는 경우가 많다. 이 여행의 경로를 (2)⌷ㅇ ㅈ⌷이라고 한다. 글의 첫 부분에는 여행의 (3)⌷ㅁ ㅈ⌷이 제시된다. 휴식을 위한 여행일 수도 있고, 사람들 간의 친목을 위한 여행일 수도 있다. 기행문을 쓸 때에는 여행하면서 보고 들은 것 중에서 흥미롭게 느꼈거나 기억에 남는 (4)⌷ㄱ ㅁ⌷을 중심으로, 마치 곁에서 보는 것처럼 생생하게 써야 한다. 특히, 여행한 지역의 고유한 특징을 묘사하면 독자는 그곳을 간접적으로 체험할 수 있다.

한편, 기행문에는 여행 중에 보고 듣거나 경험한 일에 대한 글쓴이의 생각이나 느낌이 드러나야 하는데, 이를 (5)⌷ㄱ ㅅ⌷이라고 한다. 따라서 기행문은 여행을 통해 글쓴이가 얻은 감상을 담고 있어 문학으로서의 가치를 지닌다.

낱말밭 사전

확인 ☑

＊ **기행문** 여행하면서 보고, 듣고, 느끼고, 겪은 것을 적은 글. ☐

＊ **목적** 이루려고 하는 일이나 나아가는 방향. ☐

＊ **여정** 여행의 과정이나 일정. ☐

＊ **견문** 보거나 듣거나 하여 깨달아 얻은 지식. ☐

＊ **감상** 마음속에서 일어나는 느낌이나 생각. ☐

01 다음 뜻을 가진 낱말을 (보기)에서 찾아 쓰세요.

> **보기**
>
> 견문   목적   여정

(1) 여행의 과정이나 일정. (   )

(2) 이루려고 하는 일이나 나아가는 방향. (   )

(3) 보거나 듣거나 하여 깨달아 얻은 지식. (   )

02 다음 문장의 빈칸에 들어갈 낱말을 찾아 선으로 이으세요.

(1) 세준이는 음악을 [   ]하면 마음이 편안해진다. •

(2) 요즘에는 [   ] 대신 사진이나 동영상으로 여행의 기록을 남기기도 한다. •

(3) 이번 봉사 활동의 [   ]은 버려진 강아지에게 새로운 가족을 찾아 주는 것이다. •

• ㉠ 감상

• ㉡ 목적

• ㉢ 기행문

03 다음 문장에 어울리는 낱말을 찾아 ○표 하세요.

(1) 나는 전 세계 여행을 다니면서 (견문 , 목적)을 넓히고 싶다.

(2) 주원이는 공연을 보고 나서 느낀 (감상 , 여정)을 글로 적었다.

(3) 준희는 서울에서 부산까지 걸었던 (여정 , 인물)을 일기에 꼼꼼히 적었다.

04 다음 밑줄 친 낱말과 바꾸어 쓸 수 있는 낱말을 (보기)에서 찾아 쓰세요.

> **보기**
>
> 감상   여정

> 오늘 과학 수업 시간에 선생님께서 짧은 영화 한 편을 보여 주셨다. 그 영화는 우주에 관한 내용이었다. 학생들은 영화를 보고 나서 우주에 대한 각자의 <u>생각</u>을 함께 이야기하는 시간을 가졌다.

(   )

05 다음 ㉠과 ㉡에 들어갈 알맞은 낱말을 바르게 짝 지은 것은 무엇인가요? (   )

> 기행문은 독자에게 해당 지역을 간접적으로 체험할 수 있게 해 주며, 여행을 계획 중인 사람들에게는 유용한 정보를 제공한다. 따라서 글쓴이는 여행지에서 직접 보거나 들은 ◯ ㉠ ◯ 을/를 사실대로 생생하게 전달해야 한다. 이 과정에서 글쓴이가 느낀 ◯ ㉡ ◯ 도 자유롭게 표현할 수 있다. 이를 통해 독자는 여행의 설렘과 호기심을 느낄 수 있을 것이다.

① ㉠: 감상 – ㉡: 목적   ② ㉠: 감상 – ㉡: 비유   ③ ㉠: 견문 – ㉡: 감상

④ ㉠: 견문 – ㉡: 주장   ⑤ ㉠: 근거 – ㉡: 여정

06 다음 빈칸에 공통으로 들어갈 알맞은 낱말을 **보기**에서 찾아 쓰세요.

보기

| 감상 | 견문 | 목적 |

> 속담은 삶의 교훈이나 경계할 점을 간결하게 표현한 글로, 주로 비유를 통해 말하고자 하는 바를 전달한다. 예를 들어 '우물 안 개구리'라는 속담은 ☐이/가 좁아 자기 잘난 줄만 아는 사람을 비유적으로 이르는 말이다. 그리고 '말은 나면 제주도로 보내고 사람은 나면 서울로 보내라.'라는 속담은 사람은 넓고 큰 곳에서 자라야 ☐도 넓어지고 출세할 기회도 많아진다는 말이다.

(   )

2
단계   **활용**

07 다음 **보기**의 낱말 중 두 개를 골라서 짧은 문장을 만들어 쓰세요.

보기

| 감상 | 목적 | 여정 | 기행문 |

(1) **낱말** ✎ _____

문장 ✎ _____

(2) **낱말** ✎ _____

문장 ✎ _____

민우는 연극에 등장할 인물들을 정하기 위해 친구들과 이야기를 나누었고, 주요 역할을 맡을 다섯 명이 정해졌어요.

인 물

매일 수업이 끝난 후, 연극에 등장할 다섯 명의 친구들은 극본을 읽으면서 각자가 맡은 인물의 대사를 연습했어요.

대 사

극 본

민우와 친구들은 이번 학교 축제에서 '꿈'을 주제로 연극을 만들기로 했어요. 민우는 극본을 직접 쓰고 연출도 맡았어요.

해 설

민우와 친구들은 극본의 해설을 참고하여 연극에 필요한 무대 의상과 소품들을 꼼꼼히 준비했어요.

지 문

축제 날, 친구들은 지문에서 지시한 대로 인물들의 표정과 행동을 실감 나게 연기했어요. 그리고 연극은 성공적으로 끝났지요.

다음 글을 읽으며, 빈칸에 들어갈 낱말을 낱말밭에서 찾아 써 보세요.

연극을 만들기 위해 쓴 글을 (1) ⌈ㄱ ㅂ⌉(이)라고 한다. 극본은 좁은 의미로 연극을 만들기 위한 글을 뜻하지만, 넓은 의미로는 드라마나 영화를 만들기 위한 글도 포함한다.

연극을 진행하려면 극본 외에 (2) ⌈ㅇ ㅁ⌉ 역할을 할 배우가 필요하다. 연극은 인물의 (3) ⌈ㄷ ㅅ⌉와/과 행동을 통해 이야기가 전개된다. 대사는 인물들 간의 대화, 인물이 홀로 말하는 독백, 무대 위에 있는 다른 인물에게는 들리지 않고 관객에게만 들리는 것으로 약속한 방백 등으로 나뉜다.

극본에는 사건이 이루어지는 시간과 장소, 등장인물, 무대 상황이나 장치 등을 설명하는 (4) ⌈ㅎ ㅅ⌉이/가 있다. 연극을 실제로 공연할 때는 시간과 장소의 분위기를 무대 배경, 조명, 소리 등으로 표현한다. 또한, 극본에는 인물의 행동이나 표정, 말투 등을 설명하는 부분이 있는데, 이를 (5) ⌈ㅈ ㅁ⌉ 혹은 지시문이라고 한다. 지문은 주로 괄호를 사용하여 제시되며, 인물의 행동과 관련된 내용을 설명하는 동작 지시문과 무대 장치와 관련된 내용을 설명하는 무대 지시문으로 나뉜다.

이처럼 연극의 극본은 공연을 위한 필수적인 요소로, 이를 통해 배우들은 무대 위에서 아름다운 이야기를 펼칠 수 있다.

낱말밭 사전

확인 ☑

* **극본** 연극이나 영화를 만들기 위하여 쓴 글. ☐

* **인물** 일정한 상황에서 어떤 역할을 하는 사람. ☐

* **대사** 연극이나 영화 등에서 배우가 하는 말. ☐

* **해설** 극본에서 시간과 장소, 나오는 사람, 무대 상황 등을 설명하는 글. ☐

* **지문** 극본에서 인물의 동작, 표정, 심리, 말투 등을 지시하거나 알려 주는 글. ☐

확인과 적용

01 다음 낱말의 뜻으로 알맞은 것을 보기에서 찾아 쓰세요.

> **보기**
> ㉠ 연극이나 영화 등에서 배우가 하는 말.
> ㉡ 일정한 상황에서 어떤 역할을 하는 사람.
> ㉢ 극본에서 인물의 동작, 표정, 심리, 말투 등을 지시하거나 알려 주는 글.

(1) 대사 (   )   (2) 인물 (   )   (3) 지문 (   )

02 다음 빈칸에 들어갈 낱말을 보기에 있는 글자 카드로 만들어 쓰세요.

> **보기**
> | 사 | 문 | 극 | 지 | 본 | 대 |

(1) 작가는 옛이야기에 자신의 상상력을 더해 (   )을/를 완성했다.

(2) 무대 위에서 배우들이 (   )을/를 읊으며 연기 연습을 하고 있다.

(3) 그 작가는 배우의 표정을 지시하는 (   )을/를 자세하게 쓰기로 유명하다.

03 다음 초성을 보고, 빈칸에 들어갈 알맞은 낱말을 쓰세요.

(1) | ㅇ | ㅁ |

✎ 주인공은 작가가 만들어 낸 (   )(이)라고 볼 수 있다.

(2) | ㅎ | ㅅ |

✎ 연출가는 극본의 (   )을/를 참고해서 무대 의상을 준비했다.

04 다음 빈칸에 들어갈 낱말로 알맞은 것은 무엇인가요? (   )

> 영국의 극작가 셰익스피어의 「햄릿」은 덴마크 왕자 햄릿이 아버지를 죽인 악당에게 복수하려는 이야기이다. 햄릿은 아버지가 죽고 나서 복수를 다짐했지만, 그 과정에서 많은 어려움을 겪는다. 햄릿의 유명한 □□인 '사느냐 죽느냐 그것이 문제로다.'는 그의 고민과 갈등을 보여 준다.

① 극본   ② 대사   ③ 비유   ④ 주장   ⑤ 해설

05 다음 밑줄 친 낱말과 같은 낱말이 들어갈 문장에 ○표 하세요.

> 나는 지문을 읽으면서 주인공의 심리를 파악했다.

① 만화가는 말풍선 안에 인물의 [　　　　]을/를 써넣었다. (　　　　　)

② [　　　　]에는 연극의 무대 장치에 대한 설명이 들어있다. (　　　　　)

③ 대본에서 괄호 안에 '숨을 고르며'라고 적힌 글은 동작을 나타내는 [　　　　](이)다.
(　　　　　)

06 다음 ㉠과 ㉡에 들어갈 알맞은 낱말을 **보기**에서 찾아 쓰세요.

> **보기**
>
> 극본　　　　　대사　　　　　인물

> 　한 연극 연출가가 작가에게 물었다. "[㉠]의 내용을 좀 바꿀 수 있을까요?" 그 이유는 모든 배역이 노인이라, 출신 지역의 사투리를 사용하는 게 더 재미있을 것 같았기 때문이었다. 작가는 연출가의 의견에 동의했고, 배우들의 [㉡]을/를 사투리로 바꿨다. 그 결과, 대화가 더 자연스러워졌고, 공연은 더욱 생동감 있게 전달되었다. 이 작은 변화가 전체적인 공연의 분위기를 한층 더 완성도 있게 만들어 주었다.

(1) ㉠: (　　　　　　　) 　　(2) ㉡: (　　　　　　　　　)

2단계　　활용

07 다음 **보기**와 같이 주어진 낱말을 넣어 짧은 문장을 만들어 쓰세요.

> **보기**
>
> 극본
>
> ✎ 연기상을 받은 그 배우는 극본에 충실한 연기를 펼쳤다.

(1) 인물

　✎ _____

(2) 해설

　✎ _____

01 다음 빈칸에 들어갈 낱말을 **보기**에서 찾아 쓰세요.

보기
여정   인물   해설

(1) 이 연극에는 세 명의 (   )이 등장한다.

(2) 동우는 앞으로의 (   )을 위해 하루 동안 편하게 쉬기로 마음먹었다.

(3) 연극에서 (   )은 등장인물을 소개하거나 때와 장소, 무대 장치 등에 관해 설명한다.

02 다음 빈칸에 들어갈 낱말을 **보기**에 있는 글자 카드로 만들어 쓰세요.

보기
견   의   문   인

(1) 학생들은 (   )을/를 넓히기 위해 다양한 분야의 책을 읽어야 한다.

(2) '시동을 걸자 자동차가 즐겁게 웃었다.'라는 표현은 (   )을/를 활용한 것이다.

03 다음 문장에 어울리는 낱말을 찾아 ○표 하세요.

(1) 저 배우는 작품의 (극본 , 감상)에 충실하게 연기한다는 평가를 받는다.

(2) '누나의 눈빛은 별처럼 반짝인다.'라는 표현에는 (은유 , 직유)가 사용되었다.

(3) (반론 , 지문)은 대사만으로 알기 어려운 인물의 감정을 더 자세히 설명해 준다.

04 다음 밑줄 친 부분과 뜻이 비슷한 낱말로 알맞은 것은 무엇인가요? (   )

청소년들은 친구를 별명으로 부르는 경우가 많다. 별명은 다양한 방법으로 지어지지만, 대부분 친구의 특징적인 외모나 행동을 <u>다른 것에 빗대는</u> 방식으로 만든다. 예를 들어, 행동이 굼뜬 친구에게 '굼벵이'나 '나무늘보'와 같은 별명을 붙이는 경우가 있다. 그러나 이러한 별명은 종종 놀림의 의미를 담고 있어 별명의 당사자에게 마음의 상처를 줄 수 있으므로 조심해야 한다.

① 감상   ② 목적   ③ 비유   ④ 설득   ⑤ 기행문

05 다음 ㉠이 가리키는 낱말로 알맞은 것은 무엇인가요? (   )

> 희곡은 소설과 달리 작가가 직접 설명하거나 묘사할 수 없다. 무대에 등장한 인물의 움직임과 표정 등의 행동, 그리고 그들이 말하는 언어적 표현인 ㉠'이것'만으로 인물의 성격이나 사건을 관객에게 전달해야 한다.

① 근거   ② 대사   ③ 주장   ④ 지문   ⑤ 토론

06 다음 ㉠~㉤ 중에서 낱말의 쓰임이 알맞지 <u>않은</u> 것을 찾아 기호를 쓰세요.

> 어떤 문제에 대해 찬성과 반대가 뚜렷하게 갈릴 때, 찬성 측과 반대 측이 각각 자신의 ㉠주장이 옳다고 말하며 상대방을 ㉡설득하는 말하기를 ㉢반론이라고 한다. 이 말하기의 가장 큰 ㉣목적은 공동체에 도움이 되는 최선의 방안을 찾는 것이다. 이를 위해서는 상대측의 주장과 ㉤근거를 제대로 검토할 수 있어야 한다.

(   )

07 다음 빈칸에 들어갈 낱말로 알맞은 것은 무엇인가요? (   )

> 우리는 행동이나 표정을 보고 그 사람의 마음을 짐작할 수 있는데, 여기에는 과학적 [   ]이/가 있다. 예를 들어, 거짓말을 할 때 많은 사람이 자신도 모르게 특정 신체 부위를 만진다. 긴장한 상태에서는 신체의 여러 부위에서 다양한 반응이 나타날 수 있는데, 이에 따라 코와 같은 특정 신체 부위를 만진다는 것이다.

① 견문   ② 근거   ③ 목적   ④ 반론   ⑤ 해설

08 다음 ㉠과 ㉡에 들어갈 알맞은 낱말을 **보기** 에서 찾아 쓰세요.

> **보기**
>
> 목적   비유   활유

> 푸드마켓과 푸드뱅크는 모두 기부받은 식품을 어려운 이웃에게 제공하는 [㉠] 을/를 지니고 있다. 푸드뱅크는 식품을 지원 대상자가 사는 곳까지 가져다주고, 푸드마켓은 지원 대상자가 직접 매장을 방문해서 가져간다. 그래서 푸드뱅크는 택배 서비스에, 푸드마켓은 무료 편의점에 [㉡] 할 수 있다.

(1) ㉠: (   )   (2) ㉡: (   )

[09~11] 다음 글을 읽고, 물음에 답하세요.

말하기를 잘하기 위한 준비

말하기를 잘하려면 말할 내용을 미리 준비해야 한다. 그렇지 않으면 같은 내용이 반복되거나 앞뒤가 맞지 않는 말을 하기 쉽다. 말할 내용은 화제와 주제로 나뉜다. 화제는 말할 내용의 재료나 소재를 뜻하며, 날씨나 시험 성적, 책을 읽은 ㉠감상 등 가벼운 것에서부터 환경 오염이나 저출산 문제 등 무거운 것에 이르기까지 매우 다양하다. 주제는 말하는 사람이 화제에 대해 전달하려는 중심 생각이다. 즉, 화제는 같아도 그것에 대한 주제는 다를 수 있다.

말할 내용을 선정할 때는 말하기 ㉡목적을 고려해야 한다. 같은 화제라도 말하는 목적에 따라 내용이 달라지기 때문이다. 예를 들어, '개'에 대한 말하기를 할 때, 개의 성격이나 먹이 등 특성에 대해 설명하는 경우와 개를 반려동물로 길러야 한다고 ㉢주장하는 경우에는 말할 내용을 각각 다르게 선정해야 한다.

말하기의 목적은 정보 전달, ㉣설득, 정서 표현 등으로 나눌 수 있다. 정보 전달을 목적으로 할 때는 듣는 이가 알아듣기 쉬운 내용이어야 한다. 이를 위해 구체적인 예를 들거나 ㉮익숙한 대상이나 상황에 ㉤비유하는 등 적절한 표현 방법을 사용하는 것이 좋다. 설득을 목적으로 할 때는 자신의 주장을 충분히 뒷받침하는 [   ]을/를 마련해야 한다. 그래야만 듣는 이의 행동이나 생각의 변화를 이끌어 낼 수 있다.

09 ㉠~㉤의 뜻으로 바르지 <u>않은</u> 것은 무엇인가요? (   )

① ㉠: 보거나 듣거나 하여 깨달아 얻은 지식.

② ㉡: 이루려고 하는 일이나 나아가는 방향.

③ ㉢: 자기의 의견이나 이론을 굳게 내세움. 또는 그런 의견이나 이론.

④ ㉣: 상대편이 이쪽 편의 이야기를 따르도록 여러 가지로 깨우쳐 말함.

⑤ ㉤: 어떤 대상을 비슷한 다른 대상에 빗대어 설명하는 일.

10 윗글의 빈칸에 들어갈 낱말로 알맞은 것은 무엇인가요? (   )

① 견문   ② 근거   ③ 반론   ④ 은유   ⑤ 해설

11 다음 밑줄 친 낱말과 뜻이 비슷한 낱말을 ㉮ 부분에서 찾아 두 글자로 쓰세요.

대부분의 책에는 본문이 시작되기 전에 '머리말'이 있다. '서문'이나 '책을 내며'라는 다른 제목으로 쓰여 있기도 하다. 책의 본문을 읽기 전에 머리말을 먼저 읽어 보면, 글쓴이가 책을 쓴 <u>의도</u>를 짐작할 수 있다.

(   )

🌸 디지털 속 한 문장

정답 및 해설 **8쪽**

다음을 보고, 감상이라는 낱말을 넣어 최근에 본 연극이나 영화에 관한 글을 써 보세요.

#감상 #연극 #학교생활

　나는 오늘 학교생활과 관련된 내용의 연극을 봤다. 연극을 보면서 중학생이 되면 어떨지 상상해 보았다. 연극이 끝난 후, 여러 감상이 떠올랐다. 중학교 생활이 기대되기도 하고, 한편으로는 새로운 환경이 조금 떨리기도 했다.

🖊

국어

05~08

주제별로 묶어 어휘를 의미적으로 연결하여 학습해 봐!

현우는 학생들이 과일 음료, 탄산음료, 커피 음료, 기타 음료로 **분류**된 설문지에 응답한 결과를 확인했어요.

분 류

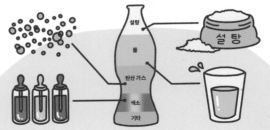

현우는 탄산음료의 성분이 **분석**된 자료를 찾아봤어요. 탄산음료는 설탕, 물, 탄산 가스, 색소 등으로 이루어져 있었어요.

분 석

전 개

현우는 6학년 학생들을 대상으로 평소 자주 마시는 음료를 조사했어요. 그 결과를 정리하며 글의 **전개** 방식을 고민했지요.

대 조

현우는 조사 결과를 다른 초등학교 6학년 학생들의 조사 결과와 **대조**해 봤어요. 그런데 학생들이 자주 마시는 음료가 비슷했어요.

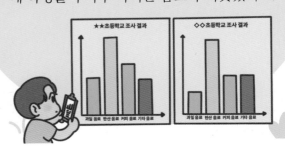

유 추

현우는 조사 결과를 정리해 글을 썼어요. 그리고 '탄산음료를 자주 마시는 것은 늪에 빠지는 것과 같다.'라고 **유추**했어요.

다음 글을 읽으며, 빈칸에 들어갈 낱말을 낱말밭에서 찾아 써 보세요.

모든 글은 내용이나 목적에 어울리는 ⁽¹⁾[ㅈ | ㄱ] 방식을 활용한다. 이런 점을 파악하며 글을 읽으면 내용을 더 효율적으로 이해할 수 있다. 분류, 분석, 예시, 유추, 비교, 대조 등이 대표적인 전개 방식이다.

'사과, 배, 포도는 과일이고, 배추, 무, 양파는 채소이다.'처럼 여러 대등한 대상을 일정한 기준에 따라 공통적인 성질을 지닌 것끼리 묶는 방법을 ⁽²⁾[ㅂ | ㄹ] (이)라고 한다. 그리고 하나의 대상을 그것을 이루는 구성 요소로 나누는 방식을 ⁽³⁾[ㅂ | ㅅ] (이)라고 한다. '아날로그 시계는 눈금판, 시침, 분침, 초침 등으로 이루어져 있다.'를 예로 들 수 있다.

구체적인 예를 들어 내용 이해를 돕기도 하는데, 이를 예시라고 한다. ⁽⁴⁾[ㅇ | ㅊ] 은/는 낯설거나 설명하기 어려운 개념을 보다 친숙하고 쉬운 대상에 빗대어 제시하는 방법이다. '인생은 마라톤과 같다.'라는 표현은 유추를 사용하여, 설명하기 어려운 '인생'을 친숙한 '마라톤'에 빗대고 있다.

한편, 비교와 대조는 본래 모두 둘 이상의 대상을 공통점이나 차이점을 기준으로 비교하는 방식이다. 그러나 전개 방식으로 언급되면 비교는 둘 이상의 대상을 공통점 중심으로, ⁽⁵⁾[ㄷ | ㅈ] 은/는 둘 이상의 대상을 차이점 중심으로 사용된다.

낱말밭 사전

확인 ☑

* **전개** 내용을 발전시켜 펼쳐 나감. ☐

* **분류** 여럿을 대상으로 같은 성질을 가진 것끼리 가름. ☐

* **분석** 얽혀 있거나 복잡한 것을 풀어서 개별적인 요소나 성질로 나눔. ☐

* **대조** ① 둘 이상의 대상을 맞대어 같고 다름을 검토함. ② 서로 달라서 차이가 남. ☐

* **유추** 같거나 비슷한 것에 기초하여 다른 사물을 미루어 짐작하는 일. ☐

01 다음 뜻을 가진 낱말을 보기에서 찾아 쓰세요.

> 보기
>
> 분석   유추   전개

(1) 내용을 발전시켜 펼쳐 나감. (   )

(2) 같거나 비슷한 것에 기초하여 다른 사물을 미루어 짐작하는 일. (   )

(3) 얽혀 있거나 복잡한 것을 풀어서 개별적인 요소나 성질로 나눔. (   )

02 다음 문장의 빈칸에 들어갈 낱말을 찾아 선으로 이으세요.

(1) 이 소설은 이야기 [   ]이/가 산만하다.   • ・㉠ 대조

(2) 식물은 잎 모양과 자라는 방식에 따라 [   ]할   • ・㉡ 분류
수 있다.

(3) 아침과 저녁의 기온을 [   ]하면 하루 동안 얼마   • ・㉢ 전개
나 기온이 변하는지 알 수 있다.

03 다음 문장에 어울리는 낱말을 찾아 ○표 하세요.

(1) 세아는 영화의 (분류 , 전개) 속도가 너무 느려서 잠이 들었다.

(2) 경찰이 범행 현장에 남아 있던 증거를 (근거 , 분석)해 범인을 잡았다.

(3) 먹을 쓰는 동양화와 물감을 쓰는 서양화 사이의 차이점을 (대조 , 유추)해 보았다.

04 다음 밑줄 친 부분과 뜻이 비슷한 낱말로 알맞은 것은 무엇인가요? (   )

> 1960년대와 1970년대는 우리나라가 경제 개발을 추진하기 시작한 시기로, 국가 전체가 경제적으로 힘들었다. 실제로도 당시 우리나라는 전 세계에서 가장 가난한 나라 중 하나였다. 이런 점을 생각할 때, 이 시대를 살아온 우리 할머니와 할아버지의 인생이 편하지 않았을 것이라는 점을 <u>미루어 짐작</u>할 수 있다.

① 대조   ② 분류   ③ 비교   ④ 유추   ⑤ 주장

05 다음 밑줄 친 낱말과 같은 낱말이 들어갈 문장에 ○표 하세요.

> 혈액형에 따라 성격을 <u>분류</u>하는 것은 과학적인 근거가 없다.

① 기상청은 날씨 정보를 [   ]해서 일기 예보를 한다. (   )

② 요즘 아이들과 옛날 아이들을 [   ]하면 체격 차이가 크다. (   )

③ 쓰레기를 버릴 때는 비닐과 플라스틱을 따로 [   ]해서 모아야 한다. (   )

06 다음 빈칸에 들어갈 알맞은 낱말을 **보기**에서 찾아 쓰세요.

> **보기**
>
> 분석   유추   전개

> 고전 소설은 19세기 이전에 만들어진 소설을 말한다. 고전 소설에서는 사건이 [   ]될 때, 앞뒤의 내용이 제대로 연결되지 않거나 갑자기 내용이 다른 방향으로 바뀌기도 한다. 심지어 같은 작품이라도 책마다 내용이 다를 수도 있다. 이는 책들의 인쇄된 시기를 대조해 보면 쉽게 알 수 있다. 고전 소설의 이러한 특징은 이야기가 입에서 입으로 전해지는 과정에서 내용이 조금씩 바뀌면서 생긴 것이다.

(   )

2단계 **활용**

07 다음 **보기**와 같이 주어진 낱말을 넣어 짧은 문장을 만들어 쓰세요.

> **보기**
>
> 분석
>
> ✎ 하나의 문장은 구, 어절, 단어, 형태소 같은 작은 단위로 <u>분석</u>된다.

(1) 분류

✎ ---

(2) 유추

✎ ---

논리적으로 말하는 방법은 무엇일까?

유리는 돌고래, 범고래, 밍크고래 모두 새끼를 낳아 젖을 먹인다는 것을 알게 되었어요. 모든 고래가 그렇다고 **귀납**해서 생각했어요.

귀 납

유리는 '포유류는 새끼를 낳아 젖을 먹여 키운다.'라는 글을 읽고, '고래는 포유류이다.'라는 **명제**를 만들어 봤어요.

명 제

논 리

숭우는 유리에게 고래가 새끼를 낳아 젖을 먹인다는 사실을 **논리**에 근거해서 설명했어요. 유리는 고래에 대해 더 조사해 보기로 했어요.

연 역

유리는 '고래는 포유류이다.'라는 명제를 바탕으로, 상괭이라는 고래도 새끼를 낳아 젖을 먹일 것이라고 **연역**해서 생각했어요.

추 론

유리는 **추론**을 통해 '우리 바다에 사는 상괭이도 새끼를 낳아 젖을 먹일 것이다.'라는 결론을 내렸어요.

다음 글을 읽으며, 빈칸에 들어갈 낱말을 낱말밭에서 찾아 써 보세요.

말이나 글에서 어떤 것에 관한 판단을 짜임새 있게 이끌어 나가는 과정을 ⁽¹⁾ [ㄴ | ㄹ](이)라고 한다. '선생님께서는 논리적으로 말씀하신다.'처럼 '논리적'이라고 사용하는 경우가 많다.

⁽²⁾ [ㅊ | ㄹ]은/는 이미 알고 있는 정보를 바탕으로 다른 판단을 논리적으로 이끌어 내는 과정이나 방법을 말한다. 즉, 어떤 사실을 근거로 그것과 관련 있는 다른 사실을 미루어 짐작하는 것이다. 예를 들어, '비가 내리고 있다.'와 '밖에 나갔다가 온 동생의 옷이 젖었다.'라는 사실을 바탕으로, '동생은 비를 맞았을 것이다.'라고 추론할 수 있다. 추론은 참과 거짓을 분명하게 판단할 수 있는 내용을 담은 문장인 ⁽³⁾ [ㅁ | ㅈ]을/를 바탕으로 한다.

추론의 대표적인 방법에는 두 가지가 있다. 첫 번째는 구체적이고 따로따로인 사실들을 근거로 삼아 그것들의 공통점을 결론으로 이끌어 내는 방법인데, 이를 ⁽⁴⁾ [ㄱ | ㄴ](이)라고 한다. 두 번째는, '사람은 살기 위해 먹어야 한다.'와 같이 이미 사실로 인정되고 있는 진리를 근거로 삼아 '민수도 살기 위해 먹을 것이다.'와 같은 구체적인 사실을 결론으로 이끌어 내는 방법이다. 이런 방법을 ⁽⁵⁾ [ㅇ | ㅇ](이)라고 한다.

낱말밭 사전

확인 ☑

* **논리** 말이나 글에서 생각을 이치에 맞게 이끌어 가는 과정이나 원리. ☐

* **귀납** 여러 구체적인 사례 간의 공통점을 찾아 모두가 인정할 만한 결론을 이끌어 내는 방법. ☐

* **명제** 참과 거짓을 판단할 수 있는 내용을 짧고 분명하게 제시한 문장. ☐

* **연역** 모두가 인정하는 원리나 사실을 근거로 삼아 구체적인 결론을 이끌어 내는 방법. ☐

* **추론** 이미 아는 정보를 바탕으로 삼아 다른 판단을 이끌어 내는 것. ☐

01 다음 낱말의 뜻으로 알맞은 것을 보기에서 찾아 기호를 쓰세요.

> **보기**
> ㉠ 이미 아는 정보를 바탕으로 삼아 다른 판단을 이끌어 내는 것.
> ㉡ 참과 거짓을 판단할 수 있는 내용을 짧고 분명하게 제시한 문장.
> ㉢ 모두가 인정하는 원리나 사실을 근거로 삼아 구체적인 결론을 이끌어 내는 방법.

(1) 명제 (   )　　　(2) 연역 (   )　　　(3) 추론 (   )

02 다음 문장의 빈칸에 들어갈 낱말을 찾아 선으로 이으세요.

(1) '흡연은 건강에 해롭다.'라는 ☐☐☐은/는 여러 연
　　구를 통해 밝혀졌다.　　　　　　　　　　　　　　•　　　• ㉠ 귀납

(2) 나는 오빠의 완벽한 ☐☐☐에 설득돼서 그의 주장
　　을 인정할 수밖에 없었다.　　　　　　　　　　　•　　　• ㉡ 논리

(3) 여러 마리의 기린을 관찰한 후 '모든 기린은 목이 길
　　다.'라는 결론을 내리는 방식은 ☐☐☐(이)다.　　•　　　• ㉢ 명제

03 다음 문장에 어울리는 낱말을 찾아 ○표 하세요.

(1) (논리 , 연역)은/는 모두가 인정하는 사실을 바탕으로 구체적인 결론을 낸다.

(2) 선생님께서 하시는 말씀은 (귀납 , 논리)이/가 잘 정리되어 있어 이해하기 쉽다.

(3) 경찰이 여러 단서를 바탕으로 (명제 , 추론)해 보니 범인이 두 명일 수 있다고 했다.

04 다음 밑줄 친 부분과 바꾸어 쓸 수 있는 낱말로 알맞은 것은 무엇인가요? (   )

> 혜지는 자신이 생각하는 주장을 담아 쓴 글을 선생님께 제출했다. 그런데 혜지의 글
> 은 말하고자 하는 바를 이끌어 내는 과정이 뒤죽박죽이라서 어떤 주장을 하는지 알 수
> 없었다. 선생님께서 이 점을 지적하자, 혜지는 힘들게 쓴 글을 다시 써야 할 것 같아서
> 한숨이 나왔다.

① 귀납　　　② 논리　　　③ 명제　　　④ 연역　　　⑤ 추론

05 다음 밑줄 친 낱말과 같은 낱말이 들어갈 문장에 ○표 하세요.

> <u>귀납</u>은 여러 사례의 공통점을 찾아 결론을 이끌어낸다.

① 창호는 칠판에 적힌 [   ]이/가 참인지 거짓인지 판단했다. (   )

② 과학자는 여러 실험 결과를 [   ]하여 하나의 원리를 세웠다. (   )

③ 오늘날 사회에 대한 100년 전 사람들의 [   ]은/는 빗나갔다. (   )

06 다음 ㉠과 ㉡에 들어갈 알맞은 낱말을 보기 에서 찾아 쓰세요.

> **보기**
>
> 명제   귀납   연역

> 세 개의 [㉠]을/를 이용하는 삼단 논법은 대표적인 [㉡]이다. 예를 들면, '모든 사람은 죽는다.'와 '나는 사람이다.'라는 두 [㉠]을/를 근거로 하여 '나는 죽는다.'라는 결론을 이끌어 내는 방법이다. 이때 결론인 '나는 죽는다.'는 이미 사람들에게 진리로 알려져 있는 '모든 사람은 죽는다.'의 근거에 포함된다.

(1) ㉠: (   )   (2) ㉡: (   )

2단계   **활용**

07 다음 보기 의 내용을 참고하여, 조건 에 맞는 문장을 만들어 쓰세요.

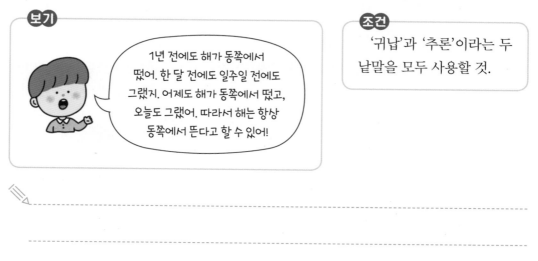

> **보기**
>
> 1년 전에도 해가 동쪽에서 떴어. 한 달 전에도 일주일 전에도 그랬지. 어제도 해가 동쪽에서 떴고, 오늘도 그랬어. 따라서 해는 항상 동쪽에서 뜬다고 할 수 있어!

> **조건**
>
> '귀납'과 '추론'이라는 두 낱말을 모두 사용할 것.

면담은 어떻게 해야 할까?

소희는 유명한 식당의 요리사를 찾아봤어요. 하지만 기사를 쓰기에 적합한 **대상**을 누구로 해야 할지 고민이 되었어요.

대 상

며칠 후, 소희는 면담할 요리사를 만났어요. 그리고 소희는 준비한 자료를 보며 요리사에게 **질의**를 했어요.

질 의

면 담

소희는 초등학생 기자예요. 이번 기사에는 요리사에 대한 정보를 전달하기 위해 요리사와 **면담**하기로 했어요.

응 답

요리사는 소희의 질문에 친절하게 **응답**했어요. 자신이 만든 요리와 관련된 여러 가지 경험들을 이야기했어요.

의 도

소희는 면담이 자신의 **의도**대로 진행된 것에 뿌듯함을 느꼈어요. 집에 돌아온 후, 소희는 요리사에 관한 기사를 썼어요.

다음 글을 읽으며, 빈칸에 들어갈 낱말을 낱말밭에서 찾아 써 보세요.

　　정보 수집, 평가, 설득, 상담 등과 같은 어떤 목적을 위해 두 사람 이상이 만나 묻고 대답하는 대화를 (1) □ㅁㄷ□ (이)라고 한다. 면담은 '면담 준비—면담 진행—면담 정리'의 순서로 이루어진다.

　　면담 준비 단계에서는 면담의 목적을 분명하게 정하고, 그 목적을 이룰 수 있는 (2) □ㄷㅅ□ 을/를 선정한다. 그리고 면담을 요청하여 면담할 날짜, 시간, 장소 등을 정한다. 이후에는 물어볼 내용을 준비한다. 이를 위해서는 책이나 인터넷 등에서 면담 대상자와 관련한 자료를 조사해야 한다.

　　면담 진행 단계에서는 면담 대상자가 면담을 허락해 준 것에 대해 감사의 인사를 하고 면담 목적을 밝힌다. 녹음이나 촬영이 필요하면 허락을 받는다. 그리고 준비해 온 내용을 (3) □ㅈㅇ□ 한다. 이 과정에서 면담자는 면담 대상자의 (4) □ㅇㄷ□ 을/를 주의 깊게 들으며 메모하는 것이 좋다. 만약 응답 내용이 부족하거나 물음의 (5) □ㅇㄷ□ 와/과 어긋난 경우에는 추가 질의를 해야 한다.

　　면담 정리 단계에서는 메모나 녹음을 바탕으로 면담 내용을 문서로 정리한다. 이때 면담의 목적과 준비 과정, 느낀 점 등을 함께 정리하도록 한다.

낱말밭 사전

확인 ☑

* **면담** 어떤 목적을 위해 서로 만나서 이야기함. □

* **대상** 어떤 일의 상대 또는 목표나 목적이 되는 것. □

* **질의** 의심나거나 모르는 점을 물음. □

* **응답** 부름이나 물음에 맞추어 답함. □

* **의도** 무엇을 하고자 하는 생각이나 계획. □

01 다음 낱말의 뜻으로 알맞은 것을 찾아 각각 선으로 이으세요.

(1) 무엇을 하고자 하는 생각이나 계획.   •

(2) 어떤 목적을 위해 서로 만나서 이야기함.   •

(3) 어떤 일의 상대 또는 목표나 목적이 되는 것.   •

• ㉠ 대상

• ㉡ 면담

• ㉢ 의도

02 다음 밑줄 친 낱말과 뜻이 비슷한 낱말을 보기 에서 찾아 쓰세요.

> **보기**
>
> 응답   의도   질의

(1) 의사는 환자의 물음에 친절하게 대답했다. (   )

(2) 나는 친구를 놀라게 할 생각으로 생일 선물을 몰래 준비했다. (   )

(3) 형은 동생이 묻는 말에는 답하지 않은 채 일부러 딴청을 피웠다. (   )

03 다음 문장에 어울리는 낱말을 찾아 ○표 하세요.

(1) 발표자는 모든 (응답 , 질의)에 대한 답변을 준비해 왔다.

(2) 국가에서 운영하는 건강 검진의 (대상 , 의도)은/는 40세 이상이다.

(3) 학생들은 나무를 보호하려는 (의도 , 질의)로 숲 가꾸기 활동에 참여했다.

04 다음 빈칸에 공통으로 들어갈 낱말로 알맞은 것은 무엇인가요? (   )

> 농구부 감독은 경기 중에 선수들의 손발이 맞지 않는 것을 보고 선수들과 [   ] 을/를 했다. 그 결과 일부 선수들 사이에 작은 갈등이 있는 것을 알게 되었다. 그래서 감독을 그 원인을 파악하기 위해 몇몇 선수들과 다시 한번 [   ] 을/를 했다.

① 대상   ② 면담   ③ 응답   ④ 의도   ⑤ 질의

05 다음 ㉠과 ㉡에 들어갈 알맞은 낱말을 바르게 짝 지은 것은 무엇인가요? (   )

> 은주의 어머니는 은주의 담임 선생님과 [㉠]을/를 하기 위해 학교에 찾아갔다. 요즘 들어 은주가 집에 와서 가족들에게 인사도 하지 않고 방에 들어가거나 말없이 있는 모습이 걱정되어 상담을 하러 온 것이었다. 선생님은 어머니의 [㉡]을/를 이해하고, 이에 대해 대화를 나눴다.

① ㉠: 면담 – ㉡: 응답 ② ㉠: 면담 – ㉡: 의도 ③ ㉠: 응답 – ㉡: 질의

④ ㉠: 질의 – ㉡: 면담 ⑤ ㉠: 질의 – ㉡: 대상

06 다음 ㉠과 ㉡에 들어갈 알맞은 낱말을 **보기**에서 찾아 쓰세요.

> **보기**
>
> 대상   응답   질의

> 학생들은 학년이 올라갈수록 수업 내용에 대해 더 많은 궁금증을 가지게 된다. 하지만 선생님이 이해되지 않는 부분을 [㉠]하라고 하면 학생들은 고개를 숙이고 모르는 척하는 경우가 많다. 선생님의 질문에도 아무런 [㉡]을/를 하지 않기도 한다. 이는 심리학적으로 학생들이 주변 친구들의 시선을 의식하기 때문이라고 볼 수 있다.

(1) ㉠: (   ) (2) ㉡: (   )

2단계 활용 ～～～～～～～～～～～～～～～～～～～

07 다음 **보기**의 낱말 중 두 개를 골라서 짧은 문장을 만들어 쓰세요.

> **보기**
>
> 대상   면담   응답   질의

(1) 낱말 ✎ _____

문장 ✎ _____

(2) 낱말 ✎ _____

문장 ✎ _____

예지는 자신의 높은 건물 모형을 낮은 건물들 사이에 두어 그 건물이 더욱 **과장**되어 보이게 하고 싶었어요.

과 장

성호는 자신의 작은 집 모형을 큰 건물들 사이에 두어 원래 모양보다 더 **축소**되어 보이게 하고 싶었어요.

축 소

대 화

학생들은 미술 시간에 만든 건축 모형으로 전시회를 열기로 했어요. 각자 만든 모형을 어떻게 놔둘지 **대화**를 나눴어요.

왜 곡

명우는 자신의 기와집 모형이 **왜곡**되지 않고 실제처럼 보이게 전시하고 싶었어요. 그래서 주변을 기와집에 어울리게 꾸몄지요.

타 협

학생들은 각자의 건축 모형을 어떻게 놔둘지 **타협**했어요. 덕분에 전시실에 여러 건축 모형들이 조화롭게 어우러졌어요.

다음 글을 읽으며, 빈칸에 들어갈 낱말을 낱말밭에서 찾아 써 보세요.

우리는 거의 매일 누군가와 ⁽¹⁾[ㄷ ㅎ]을/를 나눈다. 상대방의 얼굴을 보면서 하기도 하고, 통화를 하며 목소리로만 이야기하기도 한다. 어떤 경우라도 대화할 때는 상대방의 마음을 살피고 배려하며 말해야 한다. 말로 직접 드러나지 않는 생각이나 기분은 상대방의 표정이나 몸짓, 말투를 통해 짐작할 수 있어야 한다. 또한, 상대방이 알아듣기 쉽게 또박또박 말하고, 상대방이 말할 때는 귀를 기울여 들어야 한다.

대화의 목적은 정서 표현, 정보 전달, 설득, 친밀한 관계 형성 등 다양하다. 그리고 문제를 전달하거나 해결하기 위한 것도 있는데, 이때는 사실을 있는 그대로 말해야 올바른 해결 방법을 찾을 수 있다. 문제가 되는 상황을 강조하려고 사실보다 더 부풀려서 ⁽²⁾[ㄱ ㅈ]하거나 사실보다 줄여서 ⁽³⁾[ㅊ ㅅ]하면 상대방이 상황을 오해할 수 있기 때문이다.

상대방과 다툴 때는 자신의 생각을 사실대로 말하고, 서로 조금씩 양보하면서 ⁽⁴⁾[ㅌ ㅎ]을/를 통해 해결 방안을 찾아야 한다. 문제를 해결하기 위한 대화만이 아니라 일상적인 대화에서도 일부러 내용을 과장하거나 축소해서 사실을 ⁽⁵⁾[ㅇ ㄱ]하는 것은 옳지 않다.

낱말밭 사전

확인 ☑

* **대화** 마주 대하여 이야기를 주고받음. 또는 그 이야기. ☐

* **과장** 사실보다 지나치게 불려서 나타냄. ☐

* **축소** 모양이나 규모 등을 줄여서 작게 함. ☐

* **왜곡** 사실과 다르게 해석하거나 그릇되게 함. ☐

* **타협** 어떤 문제를 조금씩 양보하여 해결함. ☐

01 다음 뜻을 지닌 낱말을 (보기)에서 찾아 쓰세요.

> **보기**
>
> 대화   왜곡   타협

(1) 어떤 문제를 조금씩 양보하여 해결함. (   )

(2) 사실과 다르게 해석하거나 그릇되게 함. (   )

(3) 마주 대하여 이야기를 주고받음. 또는 그 이야기. (   )

02 다음 빈칸에 들어갈 낱말을 (보기)에 있는 글자 카드로 만들어 쓰세요.

> **보기**
>
> 소   대   축   협   타   화

(1) 예술가는 대형 작품을 (   )하여 소형 캔버스에 다시 그렸다.

(2) 수미는 외국인과 영어와 한국어를 섞어 가며 (   )을/를 했다.

(3) 나는 과일을 사면서 가격을 깎아 달라고 직원에게 (   )을/를 시도했다.

03 다음 밑줄 친 부분과 뜻이 비슷한 낱말을 (보기)에서 찾아 쓰세요.

> **보기**
>
> 과장   왜곡

(1) 민욱이는 친구들에게 자신이 잡은 물고기의 크기를 <u>부풀려서</u> 말했다. (   )

(2) 뉴스에서 사실을 <u>그릇되게 해석해서</u> 보도하면 사람들이 혼란스러워할 수 있다.

(   )

04 다음 빈칸에 들어갈 낱말로 알맞은 것은 무엇인가요? (   )

> '학교 시설 개선'에 관한 토론에서 찬성 측과 반대 측의 의견이 팽팽하게 맞서고 있다. 양측이 [   ]하면 더 좋은 학교 시설을 만들 수 있는데도, 양쪽 다 조금도 손해를 보지 않으려고 했다.

① 과장   ② 대상   ③ 연역   ④ 축소   ⑤ 타협

05 다음 밑줄 친 낱말과 같은 낱말이 들어갈 문장에 ○표 하세요.

> 학생들의 현장 체험 활동을 지원하는 예산 규모가 작년보다 축소되었다.

① 가족들은 태풍 소식에 여행 일정을 5일에서 3일로 [   ]했다. (   )

② 이 치약은 하루 만에 치아가 하얘진다고 [   ]하여 광고했다. (   )

③ 컴퓨터가 고장 나서 화면 속 이미지가 울퉁불퉁하게 [   ]되어 보였다.

(   )

06 다음 밑줄 친 부분과 뜻이 비슷한 낱말을 보기에서 찾아 쓰세요.

> **보기**
>
> 명제   왜곡   질의

> 가짜 뉴스는 내용을 일부러 과장하거나 축소하는 방법을 사용해 <u>사실과 어긋나게 만드는</u> 경우가 많다. 이런 가짜 뉴스는 주로 인터넷이나 SNS를 통해 퍼진다. 따라서 인터넷이나 SNS에서 떠도는 말을 무조건 믿어서는 안 되며, 그것이 사실인지를 반드시 확인해야 한다.

(   )

2단계 **활용** 〰〰〰〰〰〰〰〰〰〰〰〰〰〰〰

07 다음 보기와 같이 주어진 낱말을 넣어 짧은 문장을 만들어 쓰세요.

> **보기**
>
> 대화
>
> ✎ 도진이는 항상 엉뚱한 말로 <u>대화</u>의 흐름을 끊는 버릇이 있다.

(1) 과장

✎ --

(2) 축소

✎ --

01 다음 문장의 빈칸에 들어갈 낱말을 찾아 선으로 이으세요.

(1) 그들의 주장은 [   ]이/가 부족해서 설득력이
약했다.

• ㉠ 과장

(2) 소문은 퍼지는 과정에서 살이 덧붙어 [   ]되기
마련이다.

• ㉡ 논리

(3) 그 운동선수는 기자와의 [   ]에서 자신의 훈련
계획을 공개했다.

• ㉢ 면담

02 다음 밑줄 친 부분과 뜻이 비슷한 낱말을 보기에서 찾아 쓰세요.

> **보기**
>
> 전개   타협

(1) 싸우지 않고 서로가 조금씩 양보하여 협의하면 문제를 해결할 수 있다. (   )

(2) 이 영화는 내용을 펼쳐 나가는 과정이 너무 어색해서 집중하기 어렵다. (   )

03 다음 문장에 어울리는 낱말을 찾아 ○표 하세요.

(1) 민서의 주장은 (논리 , 분류)가 부족해서 이해하기 어렵다.

(2) 몇 년 만에 만난 두 친구의 (대화 , 응답)이/가 밤새 계속 이어졌다.

(3) 햇빛에 새까맣게 탄 얼굴과 흰 이의 색이 뚜렷한 (대조 , 연역)을/를 보인다.

04 다음 빈칸에 들어갈 낱말로 알맞은 것은 무엇인가요? (   )

> 언어는 시대가 변하거나 시간이 흐름에 따라 의미나 형태가 변한다. 예를 들어, '미인'이라는 낱말은 옛날에는 남자와 여자 모두에게 사용되었다. 그러나 오늘날에는 '아름다운 사람, 주로 얼굴이나 몸매 등이 아름다운 여자'라는 뜻으로 여자에게만 사용하는 말로 그 의미가 [   ]되었다.

① 과장   ② 귀납   ③ 연역   ④ 유추   ⑤ 축소

정답 및 해설 **13**쪽

05   다음 밑줄 친 부분과 뜻이 비슷한 낱말로 알맞은 것은 무엇인가요? (   )

> 어떤 목적을 이루기 위해 사용하는 구체적인 말을 '담화'라고 한다. 담화는 말하는 이가 <u>생각하는 목적</u>에 따라 정보 전달, 호소, 약속, 선언, 친교 등으로 나뉜다. 예를 들어, '이곳에 쓰레기를 버리지 맙시다.'라는 담화는 호소의 목적을 지닌다.

① 논리   ② 명제   ③ 응답   ④ 의도   ⑤ 타협

06   다음 빈칸에 들어갈 낱말로 알맞은 것을 찾아 ○표 하세요.

> ☐☐☐은 일반적인 사실이나 원리를 바탕으로 구체적인 사실을 이끌어 내는 방법으로, 반드시 참인 사실을 바탕으로 결론을 이끌어 내야 오류가 없다. 예를 들어, '모든 포유류는 폐로 숨을 쉰다.'라는 사실에서 고양이도 포유류이므로 폐로 숨을 쉰다는 결론을 내릴 수 있다.

(과장 , 귀납 , 연역)

07   다음 ㉠이 가리키는 낱말로 알맞은 것은 무엇인가요? (   )

> 담장은 바깥을 가리고 자유로운 출입을 방해한다는 점에서 답답함을 준다. 하지만 낯선 사람의 시선을 막고 함부로 들어오지 못하게 하여 안전을 지켜 준다. 그래서 '법은 담장과 비슷하다.'라는 말이 있다. 이와 같이 낯설거나 어려운 대상을 익숙한 것에 빗대어 제시하는 방법을 ㉠'이것'(이)라고 한다.

① 대화   ② 면담   ③ 분류   ④ 유추   ⑤ 질의

08   다음 빈칸에 공통으로 들어갈 낱말로 알맞은 것은 무엇인가요? (   )

> '하나를 보고 열을 안다.'라는 속담은 '일부만 보고 전체를 미루어 안다.'는 뜻이다. 이 속담은 구체적인 사례를 바탕으로 일반적인 결론을 이끌어낸다는 점에서 ☐☐☐에 해당한다. 하지만 ☐☐☐이/가 성립하려면 충분히 많은 사례를 근거로 삼아야 한다. 따라서 이 속담은 몇 가지 사례만 보고 모두가 그러할 것이라고 섣불리 판단하는 잘못을 저지를 수 있다.

① 귀납   ② 대조   ③ 대화   ④ 응답   ⑤ 전개

귀납의 방법 및 특성

구체적이고 따로따로인 사실들을 관찰하여 공통점을 이끌어 내는 방법을 '㉠귀납'이라고 한다. 귀납은 먼저 관찰을 통해 유사한 대상이나 상황에서 공통점을 ㉡추론하고, 이를 바탕으로 ㉮이론을 세운 뒤에 여러 번의 실험을 반복하여 그 이론이 옳은지 확인한다. 이론이 옳다고 확인되면, 그것은 과학적 진리로 인정된다.

하지만 귀납에는 한계가 있다. 첫째, 사람은 기계가 아니므로 관찰이나 실험한 내용에 오차가 생길 수 있다. 따라서 관찰한 내용을 ㉢분석하거나 실험 결과를 정리할 때는 축소나 ㉣과장을 해서는 안 된다. 조금이라도 축소하거나 과장하면 사실을 왜곡되게 하는 것이기 때문이다. 둘째, 관련된 모든 대상을 전부 확인하기 어렵다. 현재 존재하는 모든 ㉤대상을 확인하더라도, 미래에도 반드시 그러할 것이라고 볼 수 없다. 예를 들어, 인류가 관찰을 시작한 과거부터 현재까지 태어난 모든 사람이 날개가 없었다고 해서, 미래의 사람도 날개가 없을 것인지는 미래에 확인하기 전까지 알 수 없다.

이러한 점에서 귀납을 통해 얻어낸 지식은 100% 확실하다고 할 수 없으며, 단지 진리일 가능성이 매우 높은 경험적 지식인 것이다. 그렇지만 대부분의 과학 지식은 이러한 경험적 지식을 바탕으로 발전해 왔다.

09 ㉮와 바꾸어 쓸 수 있는 낱말로 알맞은 것은 무엇인가요? (   )

① 논리   ② 명제   ③ 유추   ④ 의도   ⑤ 질의

10 ㉠~㉤의 뜻으로 바르지 않은 것은 무엇인가요? (   )

① ㉠: 여러 구체적인 사례 간의 공통점을 찾아 모두가 인정할 만한 결론을 이끌어 내는 방법.

② ㉡: 이미 아는 정보를 바탕으로 삼아 다른 판단을 이끌어 내는 것.

③ ㉢: 여럿을 대상으로 같은 성질을 가진 것끼리 가름.

④ ㉣: 사실보다 지나치게 불려서 나타냄.

⑤ ㉤: 어떤 일의 상대 또는 목표나 목적이 되는 것.

11 다음 밑줄 친 낱말과 뜻이 반대되는 낱말을 윗글에서 찾아 두 글자로 쓰세요.

> 아이들의 작은 다툼이 어른들의 큰 다툼으로 <u>확대</u>되었다.

(   )

디지털 속 한 문장

다음을 보고, 대화라는 낱말을 넣어 ㉠에 들어갈 대화 글을 써 보세요.

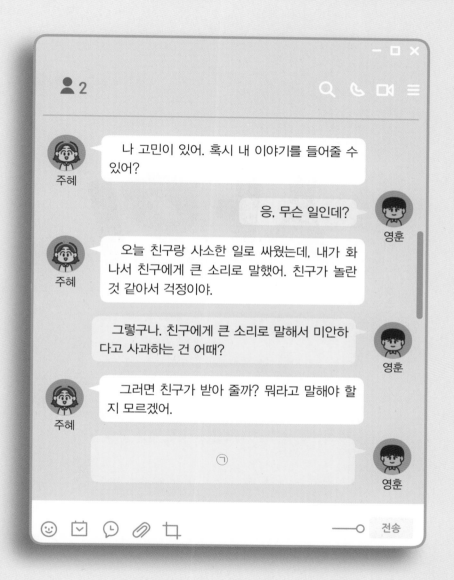

사회

01~04

주제별로 묶어 어휘를 의미적으로 연결하여 학습해 봐!

세계에는 어떤 기후가 있을까?

낱말밭

베트남에서 온 학생은 자기 나라가 일 년 내내 더운 **열대** 기후라고 말했어요. 겨울에도 평균 15도가 넘는다고 했어요.

열 대

핀란드에서 온 학생은 자기 나라는 여름은 덥고 겨울은 춥다고 말했어요. 여름과 겨울의 기온 차이가 뚜렷한 **냉대** 기후라고 했지요.

냉 대

기 후

여름 방학 동안 현우는 세계 청소년 캠프에 참가했어요. 현우는 여러 나라 학생들과 자기 나라의 **기후**에 관해 이야기했어요.

건 조

이집트에서 온 학생은 자기 나라는 비가 거의 내리지 않아 **건조**하다고 했어요. 특히 사막은 햇살이 강하다고 말했어요.

습 윤

현우는 대한민국은 사계절이 뚜렷하며, 여름에는 **습윤**한 바람이 분다고 했어요. 학생들은 각 나라의 기후를 알 수 있었어요.

다음 글을 읽으며, 빈칸에 들어갈 낱말을 낱말밭에서 찾아 써 보세요.

세계의 (1) ㄱ ㅎ 은/는 기온과 강수량에 따라 나뉘는데, 기온은 태양의 빛을 받는 정도에 따라 달라진다. 적도와 가까운 지역일수록 기온이 높고, 남극이나 북극으로 갈수록 기온이 낮아진다.

적도 근처의 저위도 지역인 (2) ㅇ ㄷ 은/는 가장 추운 달의 평균 기온이 18℃가 넘을 정도로 일 년 내내 무덥고 비가 많이 내린다. 비가 내리지 않는 건기와 비가 계속 내리는 우기가 반복되는 곳도 있다. 우리나라가 속하는 위도 20°~50° 사이의 중위도 지역인 온대는 사계절이 뚜렷하다. 여름에는 기온이 높고 강수량이 많으며, 겨울에는 이와 반대이다. 그리고 가장 추운 달의 평균 기온이 -3~10℃ 사이이다. 위도 50°~70° 사이의 지역인 (3) ㄴ ㄷ 은/는 사계절이 나타나지만, 겨울이 온대보다 길고 더 춥다. 가장 따뜻한 달의 평균 기온은 10℃를 넘는다. 남극이나 북극에 가까운 고위도 지역인 한대는 일 년 내내 매우 추우며, 가장 따뜻한 달의 평균 기온이 10℃ 미만이라서 눈과 얼음으로 뒤덮인 곳이 많다.

한편, 위도 20° 근처의 지역에는 사막이나 초원이 많다. 일 년 강수량이 500㎜도 되지 않는 (4) ㄱ ㅈ 한 기후이다. 반면에 강수량이 증발량보다 많으면 (5) ㅅ ㅇ 기후라고 한다.

낱말밭 사전

확인 ☑

* **기후** 일정한 지역에서 여러 해에 걸쳐 나타나는 평균적인 날씨. ☐

* **열대** 적도 부근이고 연평균 기온이 20℃ 이상인 지역. ☐

* **냉대** 위도 50°~70° 사이에 있으며, 겨울은 길고 추우며 여름은 짧은 지역. ☐

* **건조** 말라서 축축한 기운이 없음. ☐

* **습윤** 축축한 기운의 느낌이 많이 있음. ☐

01 다음 낱말의 뜻으로 알맞은 것을 보기 에서 찾아 기호를 쓰세요.

> **보기**
> ㉠ 말라서 축축한 기운이 없음.
> ㉡ 축축한 기운의 많은 느낌이 많이 있음.
> ㉢ 적도 부근이고 연평균 기온이 20℃ 이상인 지역.

(1) 건조 (   )   (2) 습윤 (   )   (3) 열대 (   )

02 다음 문장의 빈칸에 들어갈 낱말을 찾아 선으로 이으세요.

(1) 온대 지역의 [   ]은/는 벼농사를 짓기에 적합
하다.   • ㉠ 기후

(2) 이곳은 바다로 둘러싸인 섬이라 일 년 내내 [   ]
하다.   • ㉡ 냉대

(3) [   ] 지역은 겨울이 길고 추워서 스키와 같은 겨
울 스포츠가 발달했다.   • ㉢ 습윤

03 다음 초성을 보고, 빈칸에 들어갈 알맞은 낱말을 쓰세요.

(1) ㄱ ㅈ

✎ 이 생선은 햇볕으로 (   )을/를 해서 맛이 좋다.

(2) ㄴ ㄷ

✎ (   ) 기후인 나라는 겨울에 비해 여름이 짧고 기온이 따뜻하다.

04 다음 빈칸에 들어갈 낱말로 알맞은 것은 무엇인가요? (   )

> 날씨가 [   ]한 봄이나 가을에는 산불을 조심해야 한다. 봄에는 날씨가 따뜻
> 해져서 땅이 말라 있고, 가을에는 낙엽이 바싹 마른 채로 쌓여 있는 경우가 많다. 그
> 렇기 때문에 작은 불씨가 순식간에 큰불로 번질 수 있다.

① 건조   ② 기후   ③ 냉대   ④ 습윤   ⑤ 열대

05 다음 밑줄 친 낱말과 바꾸어 쓸 수 있는 낱말을 이 글에서 찾아 두 글자로 쓰세요.

> 겨울인데도 봄같이 따뜻한 <u>날씨</u>가 이어지면서 봄꽃이 피기 시작했다. 전문가들은 이러한 비정상적인 기온 상승이 지구 온난화 때문이라고 추측했다. 이로 인해 계절의 구분이 사라지면서 자연 생태계의 균형이 깨지고, 자연재해가 증가하고 있다. 기후 변화는 단순한 환경 문제가 아닌 인류의 미래를 위협하는 심각한 문제이다.

(   )

06 다음 ㉠과 ㉡에 들어갈 알맞은 낱말을 **보기**에서 찾아 쓰세요.

> **보기**
>
> 냉대   습윤   열대

> 전 세계적으로 지역마다 집의 형태가 다른데, 이는 각 지역의 기후에 영향을 받기 때문이다. 예를 들어, | ㉠ | 지역에서는 겨울이 길고 추워서 침엽수가 잘 자라 통나무집을 짓는다. 반면에 날씨가 덥고 습한 | ㉡ | 지역에서는 통풍이 잘되며 습기에 강한 대나무를 이용해 집을 짓는다.

(1) ㉠: (   )   (2) ㉡: (   )

활용

07 다음 **보기**의 그래프를 보고, **조건**에 맞게 문장을 만들어 쓰세요.

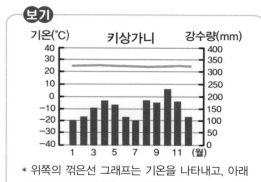

> **보기**
>
> 기온(℃)   키상가니   강수량(mm)
>
> * 위쪽의 꺾은선 그래프는 기온을 나타내고, 아래쪽의 막대그래프는 강수량을 나타냄.

> **조건**
>
> 1. '습윤', '열대' 두 낱말을 모두 사용하여 문장을 만들 것.
> 2. '키상가니'의 기후 특징을 설명할 것.

최근 통계 자료에 따르면, 한국 라면은 중국, 미국, 일본 등 전 세계 130개 이상의 나라에 **수출**되고 있어요.

수 출

한국 라면은 미국 시장에서 오랫동안 인기를 끌었던 제품들과 **경쟁**하며 점점 더 많은 사람들에게 사랑받고 있지요.

경 쟁

세 계 화

우리나라의 라면은 종류와 맛이 다양해요. 한국 라면이 외국인들의 입맛을 사로잡으면서 **세계화**가 빠르게 이루어지고 있어요.

무 역

한국 라면의 **무역** 금액은 매년 꾸준히 증가하고 있어요. 해외 시장에서 한국 라면의 인기가 높아진 걸 알 수 있지요.

라면 무역 금액

수 입

우리나라에서도 외국 라면을 **수입**하고 있어요. 이렇게 세계 여러 나라가 서로 경제적으로 교류하고 있음을 알 수 있어요.

수입라면

다음 글을 읽으며, 빈칸에 들어갈 낱말을 낱말밭에서 찾아 써 보세요.

나라 간의 교류가 활발해지면서 전 세계는 점점 하나로 연결되고 있다. 이런 현상을 (1)[ㅅ][ㄱ][ㅎ] (이)라고 한다. 이 영향으로 나라 간의 경제 교류가 급속하게 증가하고 있다. 이는 노르웨이산 연어, 브라질산 닭고기, 호주산 소고기, 페루산 포도, 태국산 망고 등 전 세계의 다양한 식품들이 우리 식탁에 오르고 있는 것에서 쉽게 알 수 있다.

세계 각 나라는 자기 나라에서 잘 만들 수 있는 물건을 생산해 다른 나라에 팔아 돈을 번다. 그리고 그 돈으로 자기 나라에 필요한 물건을 다른 나라에서 사 온다. 이렇게 나라 간에 물건이나 서비스를 사고파는 것을 (2)[ㅁ][ㅇ] (이)라고 한다. 무역을 할 때, 다른 나라에 물건이나 서비스를 파는 것을 (3)[ㅅ][ㅊ] (이)라고 하고, 다른 나라에서 물건이나 서비스를 사 오는 것을 (4)[ㅅ][ㅇ] (이)라고 한다. 이를 통해 각 나라는 서로 이익을 얻을 수 있다. 우리나라는 반도체, 자동차, 석유 제품 등을 많이 수출하고, 원유, 천연가스, 석탄 같은 에너지 원료 등을 많이 수입한다.

그런데 한 나라가 하나의 물건이나 서비스만 생산하지는 않는다. 그래서 비슷한 물건이나 서비스를 생산하는 나라들끼리 (5)[ㄱ][ㅈ] 이/가 이루어지는데, 이를 통해 더 좋은 물건이나 서비스가 생산된다.

낱말밭 사전

확인 ☑

* **세계화** 국가나 민족을 뛰어넘어 전 세계가 하나의 사회처럼 되는 현상. ☐

* **수출** 국내의 상품이나 기술을 다른 나라에 파는 것. ☐

* **경쟁** 같은 목적에 대하여 이기거나 앞서려고 서로 겨룸. ☐

* **무역** 나라와 나라 사이에 물건이나 서비스를 사고파는 것. ☐

* **수입** 다른 나라로부터 상품이나 기술 등을 국내로 사 오는 것. ☐

01 다음 뜻을 가진 낱말을 **보기**에서 찾아 쓰세요.

> **보기**
>
> 수입   수출   세계화

(1) 국내의 상품이나 기술을 다른 나라에 파는 것. (   )

(2) 다른 나라로부터 상품이나 기술 등을 국내로 사 오는 것. (   )

(3) 국가나 민족을 뛰어넘어 전 세계가 하나의 사회처럼 되는 현상. (   )

02 다음 문장의 빈칸에 들어갈 낱말을 찾아 선으로 이으세요.

(1) [   ] 농산물을 팔 때는 반드시 원산지를 표시해   • ㉠ 경쟁
야 한다.

(2) 수영 선수들은 세계 대회에서 우승하기 위해 치열한   • ㉡ 무역
[   ]을 벌였다.

(3) 고려 시대에는 [   ]을 통해 고려의 인삼과 도자   • ㉢ 수입
기가 중국과 일본 등에 유명해졌다.

03 다음 빈칸에 들어갈 낱말을 **보기**에 있는 글자 카드로 만들어 쓰세요.

> **보기**
>
> 계   세   화   출   수

(1) 우리 공장에서 만들어지는 제품이 전 세계 여러 나라에 (   )되고 있다.

(2) 한국 드라마가 (   )되면서 한국어를 배우고 싶어 하는 외국인이 늘었다.

04 다음 밑줄 친 낱말과 뜻이 반대되는 낱말을 이 글에서 찾아 두 글자로 쓰세요.

> 세계화 시대에는 다른 나라와 물건을 사고파는 무역이 필수적이다. 이때 일정 기간
> 을 기준으로 수출해서 벌어들인 총금액이 수입하느라 사용한 금액보다 많으면 무역
> 흑자라고 한다. 그 반대의 경우는 무역 적자라고 한다. 이는 각 국가의 경제 상황을
> 판단하는 중요한 지표가 된다.

(   )

05 다음 빈칸에 공통으로 들어갈 낱말로 알맞은 것은 무엇인가요? (   )

> 프로 축구의 순위 [   ]이 안갯속이다. 두 달 가까이 1위를 지켜온 팀이 최근 매우 부진하면서 2위 팀과의 승점 차이가 각각 1점으로 좁혀졌기 때문이다. 게다가 두 팀 모두 시즌을 마칠 때까지 각각 한 경기씩만 남았다. 이 치열한 순위 [   ]은 축구 팬들의 흥미를 높이고 있다.

① 경쟁   ② 대상   ③ 무역   ④ 수입   ⑤ 타협

06 다음 ㉠과 ㉡에 들어갈 알맞은 낱말을 보기에서 찾아 쓰세요.

> **보기**
>
> 경쟁   무역   수입

> [㉠]을 통해 여러 가지 물건이 [㉡]되면서 국민은 품질이 더 좋거나 가격이 저렴한 제품을 선택할 수 있게 되었다. 예를 들어, 수십 년 전만 해도 우리나라에서는 파인애플이 귀한 과일이라서 가격이 비쌌다. 하지만 현재는 다양한 나라에서 이러한 과일을 [㉡]하면서 가격이 훨씬 낮아지고 종류도 많아졌다.

(1) ㉠: (   )　　　(2) ㉡: (   )

2단계 활용

07 다음 보기와 같이 주어진 낱말을 넣어 짧은 문장을 만들어 쓰세요.

> **보기**
>
> 경쟁
>
> ✎ 수컷 사자들은 자신의 영역을 지키기 위해 서로 경쟁한다.

(1) 수출

✎ --

(2) 세계화

✎ --

국제기구는 무슨 일을 할까?

평화 유지군은 유엔에 가입한 국가들의 군대가 **연합**해서 만들었어요. 그래서 여러 국가의 군인들이 함께 있어요.

연 합

우리나라도 1993년에 국제 **평화**를 위해 상록수 부대를 만든 이후, 꾸준히 평화 유지군에 참여하고 있어요.

평 화

국 제 기 구

유엔이라는 **국제기구**는 평화 유지군을 운영하고 있어요. 평화 유지군은 유엔이 필요하다고 판단하는 곳에 보내지는 군대이지요.

분 쟁

평화 유지군은 전쟁과 같은 **분쟁**이 일어난 지역에서 주로 활동하며, 큰 재난이 발생한 곳에서도 임무를 수행해요.

유 지

평화 유지군은 민간인을 보호하고 사회 질서를 **유지**하는 역할도 해요. 그 덕분에 많은 사람이 안전하게 지낼 수 있어요.

다음 글을 읽으며, 빈칸에 들어갈 낱말을 낱말밭에서 찾아 써 보세요.

　　오늘날의 세계는 전쟁이나 나라 간의 환경 파괴로 인한 자연재해, 빈부 격차 등 한 나라의 노력만으로는 해결할 수 없는 다양한 문제에 둘러싸여 있다. 이를 해결하기 위해 여러 나라나 전문 단체가 (1)[ㅇ | ㅎ]하여 만든 조직을 (2)[ㄱ | ㅈ | ㄱ | ㄱ](이)라고 한다. 대표적으로 국제 연합이 있다.

　　흔히 유엔(UN)이라고 부르는 국제 연합은 제2차 세계 대전이 끝난 뒤에 전쟁을 막고 세계의 (3)[ㅍ | ㅎ]을/를 지키기 위해 만들어진 국제기구이다. 국제 연합은 국가 간의 갈등을 조정하고, 큰 (4)[ㅂ | ㅈ]이/가 발생한 지역에 평화 유지군을 보내 사회 질서를 (5)[ㅇ | ㅈ]하며 일반인들을 보호한다. 또한, 인류 전체의 발전을 위해 기후 변화나 식량 문제를 해결하기 위한 활동을 한다. 이를 위해 국제 연합은 여러 전문 기구를 운영하고 있다.

　　모든 국제기구가 분쟁 해결을 목적으로 하는 것은 아니다. 예를 들어, 200개 이상의 나라가 회원국인 국제올림픽위원회(IOC)는 올림픽 대회를 개최하는 활동을 한다. 그리고 188개의 나라가 가입한 세계은행은 국제 금융 기구로, 전 세계의 빈곤을 해소하고 가난한 나라의 경제 발전을 목적으로 한다.

낱말밭 사전

확인 ☑

* **국제기구**　어떤 국제적인 목적이나 활동을 위해서 두 나라 이상이 모여 만든 조직. ☐

* **연합**　둘 이상의 단체가 서로 합쳐서 하나의 조직을 만듦. ☐

* **평화**　사람이나 나라 사이에 심한 다툼이 없이 조용하고 무사한 상태. ☐

* **분쟁**　말썽을 일으켜 시끄럽고 복잡하게 다툼. ☐

* **유지**　어떤 상태나 상황을 그대로 이어가거나 변함없이 계속함. ☐

 1단계 확인과 적용

01 다음 뜻을 가진 낱말을 **보기**에서 찾아 쓰세요.

> **보기**
>
> 유지 　　　 평화 　　　 국제기구

(1) 어떤 상태나 상황을 그대로 이어가거나 변함없이 계속함. (　　　　)

(2) 사람이나 나라 사이에 심한 다툼이 없이 조용하고 무사한 상태. (　　　　)

(3) 어떤 국제적인 목적이나 활동을 위해서 두 나라 이상이 모여 만든 조직. (　　　　)

02 다음 문장에 어울리는 낱말을 찾아 ○표 하세요.

(1) 여러 학교가 (연합 , 유지)해서 운동 대회를 열었다.

(2) 친구 사이의 (분쟁 , 평화)은/는 대화를 통해 해결해야 한다.

(3) (연합 , 국제기구)은/는 전 세계의 평화와 안전을 위해 설립된 조직이다.

(4) 사람들은 경찰의 안내에 따라 질서를 (유지 , 타협)하며 천천히 이동했다.

03 다음 문장 중 밑줄 친 낱말을 바르게 사용하여 말한 친구의 이름을 쓰세요.

전쟁이 끝나고 나서 마을에 다시 <u>평화</u>가 찾아왔어.

수지

윗집과 아랫집이 층간 소음으로 인해 <u>연합</u>이 벌어졌어.

우주

(　　　　)

04 다음 빈칸에 들어갈 낱말로 알맞은 것은 무엇인가요? (　　　　)

> 　왕이 다스리던 옛날에는 전 세계적으로 대부분 큰아들이 세자가 되어 왕의 자리를 이어받았다. 따라서 세자에게 문제가 생기면 심각한 [　　　]이/가 일어났다. 이런 점에서 조선의 세종대왕이 태종의 셋째 아들인데도 별다른 문제 없이 왕의 자리에 오른 것은 매우 특이한 일이다.

① 대화 　　② 분쟁 　　③ 연합 　　④ 설득 　　⑤ 타협

05 다음 밑줄 친 낱말과 같은 낱말이 들어갈 문장에 ○표 하세요.

삼국 시대에 백제는 신라와 <u>연합</u>하여 고구려에 대항했다.

① 작은 회사들이 [　　　]하여 새로운 기업을 세웠다. (　　　　)

② [　　　]은/는 세계의 다양한 문제를 해결하고 있다. (　　　　)

③ 할아버지께서는 건강을 [　　　]하기 위해 매일 운동을 하신다. (　　　　)

06 다음 빈칸에 공통으로 들어갈 알맞은 낱말을 **보기**에서 찾아 쓰세요.

보기

분쟁　　　연합　　　국제기구

　　세계보건기구(WHO)는 전 세계 사람들의 건강을 지키기 위해 설립된 [　　　]이다. 세계보건기구는 각국 정부와 협력하여 건강과 관련된 정책을 만들고, 질병 예방과 치료를 위한 연구를 한다. 최근에는 코로나19와 같은 질병에 걸렸을 때 어떻게 대응해야 하는지 대책을 마련하여 지원했다. 이처럼 세계보건기구는 사람들의 건강한 생활을 위한 정보를 제공하는 [　　　]로서의 역할을 하고 있다.

(　　　　　　　　)

2단계 **활용** ～～～～～～～～～～～～～～～～

07 다음 **보기**의 낱말 중 두 개를 골라서 짧은 문장을 만들어 쓰세요.

보기

분쟁　　　연합　　　유지　　　평화

(1) **낱말** ✎ _____

문장 ✎ _____

(2) **낱말** ✎ _____

문장 ✎ _____

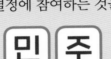

헌법 제1조 1항은 '대한민국은 **민주** 공화국이다.'예요. '민주'는 민주주의를 의미하며, 국민이 국가의 결정에 참여하는 것을 뜻해요.

민 주

민주주의란 국민이 **주권**을 가지고 이를 직접 행사하는 것을 말해요. 즉, 투표를 통해 국민이 나라의 중요한 결정에 참여할 수 있어요.

주 권

헌 법

헌법은 나라를 다스리는 근본적인 원칙들을 담고 있어요. 이번에는 헌법 제1조 1항과 2항에 대해 살펴보도록 해요.

정 치

민주 공화국에서 '공화국'은 국민이 투표로 선택한 대표가 정해진 기간 동안 법에 따라 **정치**를 하는 나라를 말해요.

권 력

헌법 제1조 2항은 '대한민국의 주권은 국민에게 있고, 모든 **권력**은 국민으로부터 나온다.'로, 국가의 권력이 국민에게 있음을 말해요.

다음 글을 읽으며, 빈칸에 들어갈 낱말을 낱말밭에서 찾아 써 보세요.

많은 사람이 공동생활을 하는 사회에서는 개인이나 집단 간의 갈등이 종종 발생한다. 이러한 갈등이나 문제를 내버려두면 사회 질서가 어지러워질 수 있다. 그러므로 이를 조정하고 해결하기 위해서 (1)[ㅈ | ㅊ](이)라는 활동이 필요하다. 정치는 일반적으로 국가의 권력을 유지하고 행사하는 것을 의미한다.

원칙적으로 정치 활동은 법을 따라야 한다. 법은 개인이나 집단 간에 일어나는 다양한 갈등을 중립적인 위치에서 해결하여 사회 질서를 유지하는 수단이다. 그런데 여러 가지 법은 모두 (2)[ㅎ | ㅂ]을/를 거스를 수 없다. 헌법에는 국민이 행복하게 살기 위해 누려야 할 권리와 지켜야 할 의무, 나라를 이끌어가는 원칙이 담겨 있다. 그래서 헌법을 '법 중의 법'이라고 한다.

헌법을 바꾸거나 고치려면 국민 투표를 거쳐야 한다. 우리나라는 국민이 (3)[ㅈ | ㄱ]을/를 지니고 있는 (4)[ㅁ | ㅈ] 국가이기 때문이다. 주권은 국가의 일을 최종적으로 결정하는 (5)[ㄱ | ㄹ]을/를 말한다. 즉, 국가 차원의 중요한 결정은 반드시 국민의 뜻에 따라야 한다. 대통령이나 국회의원, 지방 자치 단체의 장과 지방 의회 의원 등을 국민이 직접 뽑는 것은 주권이 국민에게 있음을 보여 준다.

낱말밭 사전

		확인 ☑
* **헌법**	나라를 다스리는 규칙들을 모아 놓은 최고의 법.	☐
* **민주**	국민이 권력을 가지고 그것을 스스로 행사하는 제도나 사상.	☐
* **주권**	국가의 일을 최종적으로 결정하는 권력.	☐
* **정치**	나라를 다스리는 일.	☐
* **권력**	남을 복종시키거나 지배할 수 있는 사회적으로 인정된 권리와 힘.	☐

사회
주제 04

1단계 확인과 적용

01 다음 낱말의 뜻으로 알맞은 것을 **보기**에서 찾아 기호를 쓰세요.

> **보기**
> ㉠ 나라를 다스리는 일.
> ㉡ 나라를 다스리는 규칙들을 모아 놓은 최고의 법.
> ㉢ 국민이 권력을 가지고 그것을 스스로 행사하는 제도나 사상.

(1) 민주 (　　　　) 　　(2) 정치 (　　　　) 　　(3) 헌법 (　　　　)

02 다음 밑줄 친 부분과 뜻이 비슷한 낱말을 **보기**에서 찾아 쓰세요.

> **보기**
> 　　　　　권력　　　민주　　　정치

(1) 국회 의원은 자신이 가진 <u>권리와 힘</u>을 올바르게 사용해야 한다. (　　　　)

(2) 어느 시대나 <u>나라를 이끌어 나가는 일</u>을 하려는 사람은 큰 책임감이 있어야 했다.

(　　　　)

(3) 많은 사람이 우리나라를 <u>국민이 주권을 지니고 있는</u> 국가로 만들기 위해 노력했다.

(　　　　)

03 다음 문장 중 밑줄 친 낱말이 바르게 사용된 것을 찾아 ○표 하세요.

(1) (민주 , 평화) 국가는 국민의 자유를 지켜 준다.

(2) 과거에 왕은 절대적인 (권력 , 민주)을/를 사용할 수 있었다.

(3) 강대국들은 식민지 국가의 (주권 , 헌법)을 침해하고 지배했다.

04 다음 빈칸에 들어갈 낱말로 알맞은 것은 무엇인가요? (　　　　)

> 　　한 사람이나 특정 기관이 국가의 모든 [　　　　]을/를 가지면, 그것을 올바르지 않게 사용하거나 잘못된 결정을 하여 국민의 자유와 권리를 해칠 수 있다. 이를 막기 위해 대부분의 국가는 국회, 정부, 법원 등 여러 기관이 권한을 나누어 서로 견제하며 균형을 이루도록 한다.

① 권력　　　② 민주　　　③ 정치　　　④ 주권　　　⑤ 헌법

05 다음 밑줄 친 낱말과 같은 낱말이 들어갈 문장에 ○표 하세요.

> 대통령은 <u>헌법</u>과 법률을 지켜야 할 의무를 지닌다.

① ⬚ 은/는 국가의 근본이 되는 법체계이다. (　　　　)

② 국민이 정치에 관심을 가지고 참여하면 ⬚주의가 발전한다. (　　　　)

③ 옛날에는 왕이나 신분이 높은 사람만 ⬚에 참여할 수 있었다. (　　　　)

06 다음 ㉠과 ㉡에 들어갈 알맞은 낱말을 보기에서 찾아 쓰세요.

> **보기**
> 주권　　　　정치　　　　헌법

> 정민: 오늘은 선거 날이라 학교에 가지 않아서 좋아. 아침에 부모님께서 투표하러 가셨어.
> 연지: 투표는 국민이 ⬚㉠ 을/를 행하는 중요한 순간이야. 우리가 어떤 선택을 하느냐에 따라 우리의 미래가 달라질 수 있으니까 신중한 결정이 필요해.
> 주화: 맞아, 투표는 우리가 개인적인 의견을 자유롭게 표현하는 방법이지. 그리고 ⬚㉡ 은/는 그 결정들을 이끌어가는 중요한 역할을 해.

(1) ㉠: (　　　　　　) 　(2) ㉡: (　　　　　　)

2단계 **활용**

07 다음 보기와 같이 주어진 낱말을 넣어 짧은 문장을 만들어 쓰세요.

> **보기**
> 민주
> ✎ 민주 국가에서는 국민이 자신의 권리를 당당하게 요구할 수 있다.

(1) 주권

✎ --

(2) 헌법

✎ --

01 다음 문장의 빈칸에 들어갈 낱말을 보기 에서 찾아 쓰세요.

> 보기
>
> 유지   정치

(1) 투표는 국민들이 (   )에 직접 참여하는 방법이다.

(2) 할머니께서는 정원을 아름답게 (   )하기 위해 꽃을 심으셨다.

02 다음 초성을 보고, 빈칸에 들어갈 알맞은 낱말을 쓰세요.

(1) ㄴ ㄷ

✎ 한반도의 북부 지역은 (   ) 기후에 속해 겨울 날씨가 매우 춥다.

(2) ㅇ ㅎ

✎ 올림픽에서 남한과 북한이 (   )해 하나의 팀을 만들기도 했었다.

03 다음 빈칸에 들어갈 낱말을 보기 에 있는 글자 카드로 만들어 쓰세요.

> 보기
>
> 수   습   화   평   윤   입

(1) 기후가 (   )한 곳에서는 전염병이 짧은 기간에 널리 퍼지기 쉽다.

(2) 비둘기는 요즘의 인식과 달리 예로부터 (   )의 상징으로 여겨졌다.

(3) 최근 식료품 (   )이/가 증가해서 해외 식재료를 쉽게 구할 수 있게 되었다.

04 다음 빈칸에 들어갈 낱말로 알맞은 것은 무엇인가요? (   )

> 국제 사회에서 국가 간의 갈등이 사라지지 않는 이유는 모든 국가가 반드시 지켜야 하는 강력한 법이 없고, 많은 국가가 자기 나라의 이익을 먼저 생각하기 때문이다. 이러한 갈등을 해결하려면 서로 다른 입장을 가진 나라들을 중간에서 조정할 수 있어야 하는데, 국제 연합과 같은 [   ]이/가 이러한 역할을 하는 경우가 많다.

① 민주   ② 연합   ③ 헌법   ④ 세계화   ⑤ 국제기구

05 다음 ㉠과 ㉡에 들어갈 알맞은 낱말을 바르게 짝 지은 것은 무엇인가요? (   )

> 우리나라는 사계절이 뚜렷한 온대 [㉠]이다. 그러나 기온이 점차 높아지면서 아열대 [㉠]의 특징이 나타나고 있다. 그래서 더운 [㉡] 지역에서 나오던 망고, 바나나와 같은 과일이 제주도에서 재배되고 있다. 이런 변화는 지역 농민에게 새로운 농업 기회를 제공하고, 지역 경제에 긍정적인 영향을 준다.

① ㉠: 기후 – ㉡: 냉대   ② ㉠: 기후 – ㉡: 열대   ③ ㉠: 기후 – ㉡: 건조
④ ㉠: 건조 – ㉡: 냉대   ⑤ ㉠: 건조 – ㉡: 열대

06 다음 ㉠~㉤ 중에서 낱말의 쓰임이 알맞지 <u>않은</u> 것을 찾아 기호를 쓰세요.

> 우리나라는 ㉠주권이 국민에게 있는 ㉡민주 국가이다. 따라서 국가의 정책은 다수 국민의 지지를 받아야 정당성을 얻을 수 있다. 만약 ㉢헌법을 지닌 소수의 이익만을 위한 ㉣정치가 이루어진다면, 다수의 불만이 커져 일이 제대로 진행되지 않을 수 있고, 억지로 정책을 추진할 경우에는 ㉤분쟁이 일어나 사회가 혼란스러워질 수 있다.

(   )

07 다음 밑줄 친 낱말과 바꾸어 쓸 수 있는 낱말로 알맞은 것은 무엇인가요? (   )

> 공동 주택의 소음 문제는 주민들 간의 <u>갈등</u>을 일으킨다. 밤늦게 큰 소리로 음악을 듣거나 시끄러운 활동이 문제를 일으키며, 이는 다른 주민들에게 불편을 준다. 이를 해결하기 위해서는 정중한 대화나 소음의 원인에 대한 설명이 중요하다. 또한, 주민들이 공동 주택의 규칙을 지키는 것도 도움이 될 수 있다.

① 건조   ② 권력   ③ 분쟁   ④ 평화   ⑤ 정치

08 다음 빈칸에 들어갈 낱말로 알맞은 것을 찾아 ○표 하세요.

> 인간은 오래전부터 여러 명이 모여 일정한 집단을 형성했다. 이를 통해 자연환경이나 다른 동물들과의 생존 [   ]에 대응해 왔다. 사람들은 집단을 유지하기 위해 조직과 제도를 만들고, 정치 활동을 했다. 새나 곤충과 같은 생물도 집단생활을 하지만, 이들은 본능에 따른 것이기 때문에 이성에 따른 인간 사회와 다르다.

(경쟁 , 무역 , 주권)

빠른 속도로 세계화가 진행되면서 이전보다 국가 간 ⬚⑦⬚ 이/가 활발해지고 인구 이동도 증가하고 있다. 이에 따라 다른 문화 간의 접촉이 활발해졌고, 우리나라도 외국인 이주자 수가 빠르게 늘어나 다문화 사회가 되고 있다. 그러다 보니 문화가 달라 문제가 일어나기도 한다.

예를 들어 이슬람 사람에게 돼지고기 요리를 대접하면 갈등이 일어날 수 있다. 이슬람 사람들은 종교적인 이유로 돼지를 부정하게 여기기 때문에 대부분 돼지고기를 먹지 않는다. 돼지와 관련된 재료가 사용된 물건은 이슬람 지역으로 ㉮수출할 수도 없다. 심지어 돼지 캐릭터도 금지하는 경우가 많다. 그런데 우리나라에서는 돼지고기를 즐겨 먹는다. 건물을 짓거나 사업을 시작할 때 돼지머리를 올려놓고 절을 하기도 한다. 또한 돼지꿈을 꾸면 좋은 일이 생길 것이라고 믿는다.

돼지에 대한 이런 인식 차이는 서로의 문화가 다르기 때문이다. 이슬람 문화만이 아니라 전 세계의 여러 문화는 그 사회의 기후, 종교, 역사 등의 다양한 원인에 의해 다르게 형성된다. 그러므로 어느 것이 더 좋고 옳다거나 어떤 것이 더 나쁘거나 틀렸다고 평가할 수 없다. 그런데도 자신의 문화와 다르다는 이유로 무시하거나 차별하면 문제가 일어날 수밖에 없다. 실제로 문화 차이 때문에 국가 간 분쟁이 일어나 국제 평화가 위협받은 적도 있다. 따라서 세계화 시대에는 다른 문화를 이해하고 존중하려는 태도를 지녀야 한다.

09 ⑦에 들어갈 낱말로 알맞은 것은 무엇인가요? (　　　　)

① 권력　　　　② 무역　　　　③ 수입　　　　④ 주권　　　　⑤ 정치

10 ㉮의 뜻으로 알맞은 것은 무엇인가요? (　　　　)

① 말라서 축축한 기운이 없음.

② 국가의 일을 최종적으로 결정하는 권력.

③ 국내의 상품이나 기술을 다른 나라에 파는 것.

④ 나라를 다스리는 규칙들을 모아 놓은 최고의 법.

⑤ 다른 나라로부터 상품이나 기술 등을 국내로 사 오는 것.

11 다음은 윗글의 제목입니다. 빈칸에 들어갈 낱말로 알맞은 것은 무엇인가요?
(　　　　)

⬚　　⬚ 시대에 필요한 태도

① 경쟁　　　　② 기후　　　　③ 유지　　　　④ 평화　　　　⑤ 세계화

🌸 디지털 속 한 문장

정답 및 해설 18쪽

다음 신문 기사를 읽고, **무역**이라는 낱말을 넣어 ㉠에 들어갈 답글을 써 보세요.

🏠   홈 > 능률 신문 > 사회 기사   ★ ⦿ 🖨

세계는 하나의 시장, 세계 무역의 날!

　　매년 12월 5일은 세계 무역의 날이다. 이날에는 세계 여러 나라의 상품과 문화 등이 서로 연결되어 있다는 것을 기념한다. 우리는 무역 덕분에 다른 나라의 음식, 옷, 기술 등을 쉽게 접할 수 있다. 무역은 서로 다른 문화와 가치를 이해하는 데도 큰 도움이 된다. 앞으로도 무역을 통해 다른 나라와 친구가 되어 서로 도와주고 함께 성장해야 한다.

좋아요 👍

> 김건후　각국의 물건을 수입하고 수출하는 것이 무역이야.　　답글
> 오수민　우리는 무역 덕분에 다른 나라 음식을 먹을 수 있어.

[　　　　　　　　　㉠　　　　　　　　] 입력

목록 인쇄　　　　　　　　답변 수정 삭제 글쓰기

✎

사회

05~08

주제별로 묶어 어휘를 의미적으로 연결하여 학습해 봐!

낱말밭

신하는 "서양의 과학 기술은 우리보다 뛰어납니다. 게다가 청과 일본은 이미 서양의 **문물**을 받아들이고 있습니다."라고 말했어요.

문 물

신하는 "지금처럼 외국과의 교류를 거부하는 **쇄국**만 고집한다면, 우리나라는 머지않아 다른 나라에 뒤처질 것입니다."라고 말했어요.

쇄 국

개 화

한 명의 신하가 왕에게 말했어요. "전하, 제가 감히 한마디 하겠습니다. 우리나라가 발전하려면 **개화** 정책을 펼쳐야 합니다."

개 항

신하는 "그 일부 항구를 **개항**하여 외국인과 그들의 배가 드나들 수 있게 하고, 교류를 늘려야 합니다."라고 말했어요.

조 약

마지막으로 신하는 "대신 개항하기 전에 여러 나라와 **조약**을 맺어 서로의 권리와 책임을 정해야 합니다."라며 말을 끝냈어요.

다음 글을 읽으며, 빈칸에 들어갈 낱말을 낱말밭에서 찾아 써 보세요.

19세기 말, 조선은 중요한 선택 앞에 있었다. 18세기 후반부터 조선의 바다에 서양의 배들이 자주 나타나기 시작했고, 19세기 초에는 영국의 배가 최초로 조선 정부에 (1)[ㄱ | ㅎ]을/를 요청했다. 당시 서양의 강대국들인 영국, 프랑스, 네덜란드 등은 자기 나라의 상품을 판매할 시장을 확보하기 위해 동양에 진출하고 있을 때였다. 하지만 조선은 개항을 거부하고 오히려 국경을 걸어 잠그는 (2)[ㅅ | ㄱ] 정책을 강화했다. 서양의 (3)[ㅁ | ㅁ]이/가 우리나라의 문화를 파괴하고 백성들의 삶을 힘들게 할 것이라고 여겼기 때문이었다. 개항이 필요하다고 주장하는 사람들도 있었지만, 이들의 의견은 무시되었다.

그런데 조선의 쇄국 정책은 그리 오래가지 않았다. 조선보다 먼저 서양의 문물을 받아들였던 일본이 무력을 바탕으로 조선의 개항을 강하게 요구했기 때문이다. 결국 1876년에는 강화도에서 일본과 최초의 (4)[ㅈ | ㅇ]을/를 맺고 부산항을 개방하게 되었다. 그 후 1882년에는 미국, 1883년에는 영국과 독일, 1884년에는 러시아와도 연이어 조약을 맺으면서 서양 문물이 들어오게 되었다. 정부는 신식 군대를 만들고 신문을 발행하는 등 적극적인 (5)[ㄱ | ㅎ] 정책을 시행했다.

낱말밭 사전

확인 ☑

* **개화** 새로운 사상, 문물, 제도 등을 받아들여 이전과는 다른 생각을 하게 됨. ☐

* **문물** 정치, 경제, 종교, 예술, 법률 등과 같이 문화에 관한 모든 것. ☐

* **쇄국** 다른 나라와 교류하여 물건을 사고파는 것을 금지함. ☐

* **개항** 외국과 물건을 사고팔 수 있게 항구를 개방하여 외국 배의 출입을 허가함. ☐

* **조약** 국가 간의 권리와 의무를 국가 간의 합의에 따라 규정하는 일이나 글. ☐

01 다음 뜻을 가진 낱말을 보기에서 찾아 쓰세요.

> **보기**
>
> 개화   문물   쇄국

(1) 다른 나라와 교류하여 물건을 사고파는 것을 금지함. (   )

(2) 정치, 경제, 종교, 예술, 법률 등과 같이 문화에 관한 모든 것. (   )

(3) 새로운 사상, 문물, 제도 등을 받아들여 이전과는 다른 생각을 하게 됨. (   )

02 다음 초성을 보고, 빈칸에 들어갈 알맞은 낱말을 쓰세요.

(1) | ㅅ | ㄱ |

✎ 그 나라는 (   ) 정책을 고집하여 국제적으로 고립되었다.

(2) | ㅁ | ㅁ |

✎ 우리는 다양한 (   )을/를 통해 서로 다른 문화를 이해할 수 있다.

03 다음 문장에 어울리는 낱말을 찾아 ○표 하세요.

(1) 여러 나라의 대표들이 (문물 , 조약)을 맺기 위해 회의를 했다.

(2) 부산은 (개항 , 쇄국)을 한 이후 근대적 상업 도시로 탈바꿈하게 되었다.

(3) 증조할아버지는 (개화 , 조약)에 찬성해서 일찍이 상투를 잘랐다고 했다.

04 다음 빈칸에 공통으로 들어갈 낱말로 알맞은 것은 무엇인가요? (   )

> 우리나라는 핵무기가 지금보다 늘어나는 것을 방지하는 목적을 지닌 핵 확산 금지 [   ]에 가입되어 있다. 세계의 평화를 위해서 핵 확산 금지 [   ]은/는 반드시 지켜져야 한다.

① 개화   ② 경쟁   ③ 무역   ④ 유지   ⑤ 조약

05 다음 밑줄 친 낱말과 뜻이 비슷한 낱말로 알맞은 것은 무엇인가요? ( )

> 19세기 말, 조선에 서양의 <u>문화</u>와 사상이 들어오면서 사회를 바꾸려는 사람들이 많아졌다. 특히, 타고난 신분에 따라 사회적 지위가 달라지는 신분 제도가 빠르게 흔들리기 시작했다. 이런 사회 변화를 통해 결국 1894년에 신분 제도가 공식적으로 없어졌다.

① 개항   ② 문물   ③ 분쟁   ④ 쇄국   ⑤ 평화

06 다음 빈칸에 들어갈 알맞은 낱말을 보기에서 찾아 쓰세요.

> **보기**
>
> 개항   쇄국   조약

> 1868년 5월 12일, 독일 상인이던 오페르트와 그 무리가 흥선 대원군의 아버지인 남연군의 묘를 파헤치는 사건이 일어났다. 그들은 묘안에 있는 귀중품을 훔치려고 했지만 실패하고 말았다. 이 소식을 들은 흥선 대원군은 크게 분노하여 "앞으로 조선 땅에 서양인과 서양의 것이 들어오지 못하도록 하여라!"라는 명령을 내렸다. 이 사건은 조선의 [   ] 정책을 더욱 강화하는 계기가 되었다.

( )

활용

07 다음 보기와 같이 주어진 낱말을 넣어 짧은 문장을 만들어 쓰세요.

> **보기**
>
> 개화
>
> ✎ 조선의 <u>개화</u> 정책은 나라가 발전할 수 있게 했다.

(1) 개항

✎

(2) 조약

✎ ‾‾

일본은 우리나라의 자원과 노동력을 **수탈**했어요. 그들은 농민들에게 곡식을 빼앗고, 사람들을 공장으로 끌고 가 일을 시켰어요.

수 탈

일본은 우리말 대신 일본어를 사용하게 했어요. 또한, 이름도 일본식으로 바꾸도록 강요하며 우리 민족을 **탄압**했어요.

탄 압

일 제 강 점 기

일제 강점기는 일본이 우리나라를 강제로 지배했던 시기예요. 이 기간 동안 우리 민족은 힘든 삶을 살아야 했어요.

독 립 운 동

우리 민족은 어려운 상황 속에서도 나라를 되찾기 위해 끊임없이 **독립운동**을 펼쳤어요. 대표적으로 3·1 운동이 있어요.

식 민 지

일제 강점기 동안 우리 민족은 일본의 **식민지** 정책으로 큰 시련을 겪었어요. 하지만 결국 우리는 독립을 이뤄냈지요.

다음 글을 읽으며, 빈칸에 들어갈 낱말을 낱말밭에서 찾아 써 보세요.

1905년, 일본의 이토 히로부미는 일본 군대를 동원해 고종이 있는 궁궐을 포위한 뒤 강제로 대한 제국의 외교권을 빼앗는 을사늑약을 맺었다. 1907년에는 고종을 대한 제국의 황제 자리에서 물러나게 하고, 군대를 해산시켰다. 그리고 1910년, 일본은 결국 우리나라를 ⁽¹⁾ ㅅ ㅁ ㅈ (으)로 삼았다. 이때부터 1945년까지 35년간 ⁽²⁾ ㅇ ㅈ ㄱ ㅈ ㄱ 이/가 이어졌다.

우리나라의 국권을 빼앗은 일본은 조선 총독부를 설치하고, 우리 민족의 정신을 없애기 위한 정책을 시행했다. 또한, 일본의 침략 전쟁에 필요한 식량과 물자를 ⁽³⁾ ㅅ ㅌ 했다. 농사지을 땅을 빼앗고, 무기를 만들기 위해 솥, 놋그릇 등의 살림살이를 강제로 빼앗았다. 심지어 우리나라 사람들을 전쟁터로 끌고 가 강제 노동을 시키거나 일본군으로 싸우게 했다.

하지만 우리 민족은 일본의 수탈과 ⁽⁴⁾ ㅌ ㅇ 에 그저 당하고만 있지 않았다. 1919년에는 3·1 운동과 같은 전국적인 만세 운동을 벌였고, 대한민국 임시 정부를 세워 지속적이고 다양한 ⁽⁵⁾ ㄷ ㄹ ㅇ ㄷ 을/를 펼쳤다. 이러한 노력의 결과로, 우리 민족은 1945년 8월 15일에 독립을 맞이하게 되었다.

낱말밭 사전

확인 ☑

* **일제 강점기** 1910년, 일본에 우리나라의 국권을 강제로 빼앗긴 이후 1945년 광복한 때까지의 기간. ☐

* **수탈** 강제로 빼앗음. ☐

* **탄압** 권력이나 무력으로 억지로 눌러 꼼짝 못 하게 함. ☐

* **독립운동** 일제 강점기에, 우리 민족이 독립하기 위하여 여러 가지 민족 운동을 하던 일. ☐

* **식민지** 정치적·경제적으로 다른 나라에 지배되어 국가로서의 주권이 없어진 나라. ☐

확인과 적용

01 다음 낱말의 뜻으로 알맞은 것을 보기에서 찾아 기호를 쓰세요.

> **보기**
> ㉠ 권력이나 무력으로 억지로 눌러 꼼짝 못 하게 함.
> ㉡ 정치적·경제적으로 다른 나라에 지배되어 국가로서의 주권이 없어진 나라.
> ㉢ 1910년, 일본에 우리나라의 국권을 강제로 빼앗긴 이후 1945년 광복한 때까지의 기간.

(1) 탄압 (   )   (2) 식민지 (   )   (3) 일제 강점기 (   )

02 다음 문장의 빈칸에 들어갈 알맞은 낱말을 찾아 선으로 이으세요.

(1) ☐된 문화재가 아직도 해외 여러 박물관에 남아 있다. ・   ・ ㉠ 수탈

(2) ☐에 살았던 예술가들은 일본에 저항하는 작품을 많이 만들었다. ・   ・ ㉡ 탄압

(3) 안중근은 일본의 ☐을/를 받으면서도 독립에 대한 자신의 신념을 굳히지 않았다. ・   ・ ㉢ 일제 강점기

03 다음 초성을 보고, 빈칸에 들어갈 알맞은 낱말을 쓰세요.

(1) ㅅ ㅁ ㅈ

✎ 서구의 강대국들은 힘이 약한 나라들을 정복하여 (   )(으)로 삼았다.

(2) ㄷ ㄹ ㅇ ㄷ

✎ 우리나라의 독립을 위해 많은 사람들이 (   )을/를 했다.

04 다음 밑줄 친 부분과 뜻이 비슷한 낱말로 알맞은 것은 무엇인가요? (   )

> 일제 강점기에는 조선 사람이면서도 일본에 빌붙어서 조선 사람들을 무력으로 괴롭히거나 재물을 빼앗은 친일파들이 존재했다. 1945년에 광복이 된 뒤에 이들은 법의 처벌을 받거나 사람들의 손가락질을 받았다.

① 경쟁   ② 분쟁   ③ 쇄국   ④ 수탈   ⑤ 탄압

05 다음 빈칸에 공통으로 들어갈 낱말로 알맞은 것은 무엇인가요? (   )

> 조선 후기에는 주로 지방에서 옳지 못한 관리들이 이런저런 명목의 세금을 붙여서 백성이 피땀 흘려 얻은 수확물을 마구 [   ]해 가는 경우가 많았다. 그렇게 모은 재물은 대부분 자신이 차지하였다. 중앙 정부에서는 이런 [   ] 행위를 막기 위해 암행어사를 보내 감시하기도 했으나 큰 효과는 없었다.

① 개항   ② 무역   ③ 수입   ④ 수출   ⑤ 수탈

06 다음 ㉠과 ㉡에 들어갈 알맞은 낱말을 보기에서 찾아 쓰세요.

> **보기**
>
> 독립운동   일제 강점기

> 안창호는 [㉠]에 조선인의 인권과 자주를 위해 신민회, 청년 학우회, 흥사단을 조직하고 평양에 대성 학교를 설립했다. 또한, 민족 대중 교육을 위해 신문을 창간하고, 상하이 임시 정부의 내무 총장으로 활동하며 [㉡]을/를 이끌었다. 그는 일본의 감시를 피해 국민 의식을 일깨워 조선의 독립을 위해 노력했다.

(1) ㉠: (   )   (2) ㉡: (   )

2단계 활용

07 다음 보기의 내용을 참고하여, 조건에 맞게 문장을 만들어 쓰세요.

> **보기**
> 기자: 당신들이 일본을 이길 수 있다고 생각합니까?
> 의병: 이기기 힘들다는 것을 압니다. 아마 싸우다 죽겠지요. 그러나 일본의 노예가 되어 사는 것보다 자유인으로 죽는 것이 낫습니다.
> ㅤㅤㅤㅤㅤㅤㅤ- 영국 기자 매켄지, 『대한 제국의 비극』
> *의병: 외적의 침입을 물리치기 위하여 백성들이 자발적으로 조직한 군대 또는 그 군대의 병사.

> **조건**
> 1. '의병'이 한 일을 설명할 것.
> 2. '독립운동'이라는 낱말을 사용할 것.

6·25 전쟁으로 어떤 일이 생겼을까?

아바이 마을 사람들은 전쟁을 피해 잠시 속초에 머물렀으나, 남북이 **분단**되면서 고향에 돌아가지 못하게 되었어요.

분 단

북한과 남한, 그리고 유엔군을 대표하는 미국은 6·25 전쟁을 공식적으로 멈추기 위해 **협정**을 맺었어요.

협 정

전 쟁

강원도 속초에는 6·25 **전쟁** 당시 북한 함경도 지역에 가족을 남겨 두고 남쪽으로 내려온 사람들이 모여 살던 아바이 마을이 있어요.

휴 전

남한과 북한은 **휴전**을 했지만 고향으로 돌아갈 수 없었어요. 아바이 마을 사람들은 북쪽에 있는 가족과 헤어지게 되었지요.

이 산

아바이 마을 사람들은 고향 음식을 먹으며 **이산**의 슬픔을 달랬어요. 그래서 강원도 속초에는 아바이 순대와 함흥냉면이 유명해요.

다음 글을 읽으며, 빈칸에 들어갈 낱말을 낱말밭에서 찾아 써 보세요.

1950년 6월 25일 새벽 4시, 북한이 남한을 공격하면서 6·25 ⁽¹⁾[ㅈ][ㅈ]이 시작되었다. 국군은 온 힘을 다해 북한군에 맞섰으나, 북한군의 철저한 전쟁 준비로 인해 3일 만에 서울을 내주게 되었다. 국제 연합(UN)이 북한에 침략을 그만두라고 요구했으나 북한은 이를 무시하였다. 이후 국제 연합군이 6·25 전쟁에 참전하였다.

북한군의 공격에 밀려 낙동강 남쪽까지 후퇴했던 국군과 국제 연합군은 1950년 9월 15일, 인천 상륙 작전에 성공하면서 서울을 되찾고 압록강까지 나아갔다. 그러나 중국군이 북한 편에 서서 참전하면서 서울을 다시 빼앗기게 되었다. 이후 한반도를 가로지르는 38도선을 중심으로 치열한 전투가 계속되었다. 한편, 전쟁을 멈추기 위한 협상도 진행되었고, 마침내 1953년 7월 27일, 전쟁을 중단하겠다는 정전 ⁽²⁾[ㅎ][ㅈ]이 이루어졌다. 이 협정으로 ⁽³⁾[ㅎ][ㅈ]이 되면서 250㎞에 이르는 휴전선과 군사 충돌을 막기 위한 비무장 지대가 만들어졌다.

이때부터 공식적으로 남북 ⁽⁴⁾[ㅂ][ㄷ]이 시작되었으며, 지금까지 이어지고 있다. 6·25 전쟁으로 인해 많은 가족이 ⁽⁵⁾[ㅇ][ㅅ]의 아픔을 겪었고, 국토와 산업 기반이 크게 파괴되었다.

낱말밭 사전

확인 ☑

* **전쟁** 나라와 나라 또는 특정 집단끼리 무기와 군대를 사용하여 싸움. ☐

* **분단** 처음에 하나였던 것을 동강이 나게 끊어 가름. ☐

* **협정** 서로 의논하여 결정함. ☐

* **휴전** 싸우던 두 나라가 합의하여 전쟁을 얼마 동안 멈추는 일. ☐

* **이산** 헤어져 흩어짐. ☐

01 다음 뜻을 가진 낱말을 보기에서 찾아 쓰세요.

> **보기**
>
> 전쟁   휴전

(1) 싸우던 두 나라가 합의하여 전쟁을 얼마 동안 멈추는 일. (   )

(2) 나라와 나라 또는 특정 집단끼리 무기와 군대를 사용하여 싸움. (   )

02 다음 밑줄 친 낱말의 뜻으로 알맞은 것을 찾아 ○표 하세요.

> 남한과 북한의 <u>분단</u>이 길어지면서 서로의 언어가 조금씩 달라지고 있다.

① 서로 의논하여 결정함. (   )

② 처음에 하나였던 것을 동강이 나게 끊어 가름. (   )

03 다음 빈칸에 들어갈 낱말을 보기에 있는 글자 카드로 만들어 쓰세요.

> **보기**
>
> 정   전   휴   협

(1) 두 나라는 10년 동안의 전쟁 끝에 (   )을/를 했다.

(2) 우리나라와 일본은 동해에서의 어업에 관한 (   )을/를 맺었다.

04 다음 문장에 어울리는 낱말을 찾아 ○표 하세요.

(1) 나는 제2차 세계 대전을 배경으로 한 (전쟁 , 협정) 영화를 봤다.

(2) 독일은 (분단 , 이산)의 영향으로 많은 가족이 서로 떨어져 살아야 했다.

05 다음 밑줄 친 부분과 뜻이 비슷한 낱말로 알맞은 것은 무엇인가요? (   )

> 우리 민족은 자신의 의지와는 상관없이 가족과 <u>헤어지고 흩어져 살아야 하는 상황</u>을 여러 차례 겪었다. 일제 강점기에는 일본의 억압으로 많은 가족이 강제 이주하는 헤어짐을 겪었으며, 6·25 전쟁의 혼란 속에서 수많은 가족이 이별을 경험해야 했다.

① 분단   ② 수탈   ③ 이산   ④ 탄압   ⑤ 협정

06 다음 빈칸에 공통으로 들어갈 낱말로 알맞은 것은 무엇인가요? (   )

> 제1차 세계 대전이 벌어지던 1914년 12월 24일과 25일 사이에 영국과 독일 군인들
> 이 잠시 전투를 멈추고 [   ]했던 일이 있었다. 이날 군인들은 크리스마스를 기
> 념하여 서로의 참호를 방문하거나 크리스마스 노래를 부르며 평화로운 시간을 보냈
> 다. 이 임시 [   ]은/는 전쟁 중에도 서로를 이해하고 존중하는 마음을 보여 주
> 는 사건으로 알려져 있다.

① 민주   ② 쇄국   ③ 전쟁   ④ 정치   ⑤ 휴전

07 다음 ㉠과 ㉡에 들어갈 알맞은 낱말을 **보기**에서 찾아 쓰세요.

> **보기**
>
> 이산   전쟁   협정

> 1953년에 남한과 북한이 [㉠]을 중단한다는 [㉡]을 맺으면서 한반도에
> 비무장 지대가 생겼다. 이곳은 남과 북으로 각각 2km 떨어져 있으며, 군사 시설이나
> 군인들이 배치되어 있지 않다. 비무장 지대는 오랫동안 일반인이 들어갈 수 없었기
> 때문에 자연환경이 잘 보존되어 있다. 이곳에는 멸종 위기 동물들이 서식하고 있으
> 며, 다양한 식물들이 자라고 있다.

(1) ㉠: (   )   (2) ㉡: (   )

2단계 활용

08 다음 **보기**와 같이 주어진 낱말을 넣어 짧은 문장을 만들어 쓰세요.

> **보기**
>
> 협정
>
> ✎ 우리나라는 여러 나라와 무역에 관한 협정을 맺고 있다.

(1) 분단

✎ _____

(2) 이산

✎ _____

산업 혁명 덕분에 여러 가지 물건을 빠르게 생산할 수 있게 되었고, 이는 경제 **성장**으로 이어졌어요.

성 장

공장에서 물건들을 대량으로 만들어내며 사회가 풍족해졌고, 이는 일부 사람들의 생활 수준이 높아지는 **성과**를 이루었어요.

성 과

산 업 화

18세기 중반, 증기 기관의 발명이 계기가 되어 영국을 중심으로 산업 혁명이 시작되었어요. 이로 인해 **산업화**가 진행되었지요.

양 극 화

산업화는 공장을 소유한 자본가와 공장에서 기계처럼 일해야 하는 노동자 사이에 재산의 **양극화** 문제를 일으키기도 했어요.

한 계 점

산업 혁명으로 석탄이나 석유와 같은 지하자원이 과도하게 사용되었고, 이로 인해 환경오염이라는 심각한 **한계점**이 드러났어요.

다음 글을 읽으며, 빈칸에 들어갈 낱말을 낱말밭에서 찾아 써 보세요.

우리나라는 6·25 전쟁이 일어난 1950년대에는 매우 가난했다. 그러나 1960년대 이후 정부가 주도한 ⁽¹⁾〔ㅅ ㅇ ㅎ〕이/가 진행되면서 빠르게 가난에서 벗어났으며, 현재는 경제 규모가 세계 10위권에 이르렀다. 이는 전 세계에서 손꼽히는 빠른 ⁽²⁾〔ㅅ ㅈ〕속도이다.

산업화는 경제적으로 국민 삶의 질을 높이는 ⁽³⁾〔ㅅ ㄱ〕을/를 가져왔다. 전국이 고속도로와 철도로 이어져 이동이 편리해졌고, 아파트 같은 공동 주택이 늘어났으며, 많은 가정에서 자동차를 소유하게 되었다. 국민도 이전보다 많은 여가 시간과 물질적 풍요를 누릴 수 있게 되었다.

하지만 산업화는 ⁽⁴⁾〔ㅎ ㄱ ㅈ〕도 드러냈다. 도시와 농촌 간의 지역 격차, 노동자와 사용자 간의 갈등, 빈부 격차 등 여러 가지 사회 문제가 나타났다. 특히 잘사는 사람과 그렇지 못한 사람 간의 차이가 벌어지면서 나타난 경제적 ⁽⁵⁾〔ㅇ ㄱ ㅎ〕은/는 사회적으로 큰 문제가 되고 있다. 이러한 문제를 해결하기 위해 국가 차원에서 노인 빈곤 문제 해결을 위한 기초 연금, 저임금 노동자의 생활 안정을 위한 최저 임금 인상 등의 다양한 정책을 시행하고 있다.

낱말밭 사전

확인 ☑

* **산업화** 사람의 생활을 경제적으로 풍요롭게 하기 위한 여러 물건이나 서비스를 생산하는 일의 형태가 됨.　☐

* **성장** 사물의 규모나 세력 등이 점점 커짐.　☐

* **성과** 바람직하게 이루어 낸 결과.　☐

* **양극화** 두 대상이 서로 점점 더 달라지고 멀어짐.　☐

* **한계점** 능력이나 책임 등이 더 이상 미치지 못하는 막다른 지점.　☐

1단계 확인과 적용

01 다음 뜻을 가진 낱말을 **보기**에서 찾아 쓰세요.

> **보기**
>
> 성과   성장   한계점

(1) 바람직하게 이루어 낸 결과. (   )

(2) 사물의 규모나 세력 등이 점점 커짐. (   )

(3) 능력이나 책임 등이 더 이상 미치지 못하는 막다른 지점. (   )

02 다음 문장의 빈칸에 들어갈 알맞은 낱말을 찾아 선으로 이으세요.

(1) ☐☐☐(으)로 인해 다양한 직업이 생겼다.   •   • ㉠ 산업화

(2) 일주일 넘게 내린 비로 인해 마을을 둘러싼 강물의
   높이가 ☐☐☐에 이르렀다.   •   • ㉡ 양극화

(3) 디지털 기술의 발달이 디지털 사용자와 소외 계층
   의 ☐☐☐ 문제를 일으켰다.   •   • ㉢ 한계점

03 다음 문장에 어울리는 낱말을 찾아 ○표 하세요.

(1) 정부는 경제 (성장 , 산업화)을/를 위해 다양한 정책을 시행한다.

(2) 이 영화는 주인공이 유명하지만 내용이 지루하다는 (성과 , 한계점)이/가 있다.

(3) 대도시와 소도시 간의 발전 차이로 인해 도시 (산업화 , 양극화)가 심화되고 있다.

04 다음 빈칸에 들어갈 낱말로 알맞은 것은 무엇인가요? (   )

> 6·25 전쟁 이후 70년이 지난 현재, 우리나라의 경제 규모는 4만 배, 1인당 국민 총소득은 약 500배 증가했다. 제2차 세계 대전 이후 식민지에서 벗어난 국가 중 경제적으로 선진국에 진입한 나라는 우리나라가 유일하다. 이 성장은 우리나라의 뛰어난 경제적 ☐☐☐을/를 보여 준다.

① 목적   ② 성과   ③ 전쟁   ④ 산업화   ⑤ 한계점

05 다음 빈칸에 공통으로 들어갈 낱말로 알맞은 것은 무엇인가요? (   )

> 상민: 뉴스에서 교육의 [   ] 현상이 심해졌다는 말을 들었는데, 이게 무슨 말이야?
>
> 이현: 교육의 [   ]은/는 돈이 많을수록 더 좋은 교육을 받고, 가난할수록 그렇지 못한 현상을 의미해.
>
> 상민: 그러면 문제가 되지 않아? 누구나 자신이 원하는 교육을 받을 권리가 있잖아.
>
> 이현: 그렇지. 그래서 정부가 나서서 이를 해결하려고 노력하고 있어.

① 성장   ② 탄압   ③ 협정   ④ 양극화   ⑤ 한계점

06 다음 ㉠~㉤ 중에서 낱말의 쓰임이 알맞지 **않은** 것은 무엇인가요? (   )

> 우리나라는 정부와 국민이 힘을 합쳐 국가 발전을 추구한 ㉠산업화를 거치면서 눈부신 경제 ㉡성장을 이루었다. 하지만 그 과정에서 돈으로 무엇이든 마음대로 할 수 있다는 황금만능주의, 빈부 격차의 심화로 인한 ㉢양극화, 전통문화에 대한 무시 등과 같은 ㉣성과도 나타났다. 이러한 문제들은 오로지 경제 발전만 추구한 데서 비롯된 ㉤한계점이라고 할 수 있다.

① ㉠   ② ㉡   ③ ㉢   ④ ㉣   ⑤ ㉤

2단계 **활용** 〰〰〰〰〰〰〰〰〰〰〰〰〰〰〰〰〰〰

07 다음 **보기**와 같이 주어진 낱말을 넣어 짧은 문장을 만들어 쓰세요.

> **보기**
>
> 성과
>
> ✎ 열심히 노력한 만큼 반드시 좋은 성과가 있을 것이다.

(1) 산업화

✎ --

(2) 한계점

✎ --

01 다음 문장의 빈칸에 들어갈 낱말을 보기에서 찾아 쓰세요.

> **보기**
>
> 성과   쇄국   조약

(1) 이 나라는 (   ) 정책을 통해 외부와의 교류를 막았다.

(2) 운동선수들은 이번 경기에서 뛰어난 (   )을/를 보여주었다.

(3) 일 년을 넘게 싸우던 두 나라는 서로 침략하지 않겠다는 (   )을/를 맺었다.

02 다음 문장 중에 어울리는 낱말을 찾아 ○표 하세요.

(1) 조선 시대에 (개화 , 문물)의 영향으로 서양의 의학 지식이 도입되었다.

(2) 어떠한 경우에도 한반도에서 다시 (전쟁 , 협정)이 발발하는 것은 막아야 한다.

(3) 일본의 가혹한 (탄압 , 쇄국) 때문에 많은 조선인이 중국이나 러시아로 떠났다.

03 다음 중 밑줄 친 낱말을 바르게 사용하여 말한 친구의 이름을 쓰세요.

할아버지께서는 6·25 때 가족과 헤어지는 <u>협정</u>의 아픔을 겪었다고 하셨어.

지윤

과거에 여러 유럽 국가가 아프리카를 <u>식민지</u>로 삼아 자원을 착취했어.

규원

(   )

04 다음 밑줄 친 낱말과 바꾸어 쓸 수 있는 낱말로 알맞은 무엇인가요? (   )

> 1928년에 알렉산더 플레밍이 페니실린을 발견하면서 세균을 효과적으로 죽일 수 있는 항생제가 만들어졌다. 그러나 일부 세균들은 가만히 당하지 않고 항생제를 이겨내는 능력을 갖추게 되었다. 인류는 다시 그 세균에 맞서 싸울 수 있는 새로운 항생제를 개발했고, 또다시 세균은 새로운 항생제를 이겨낼 수 있도록 스스로를 변형시켰다. 인간과 세균 간의 <u>투쟁</u>은 지금도 치열하게 벌어지고 있다.

① 개항   ② 분단   ③ 수탈   ④ 전쟁   ⑤ 협정

정답 및 해설 23쪽

05 다음 ㉠이 가리키는 낱말로 알맞은 것은 무엇인가요? (   )

> 조선 시대 말기, 일부 개혁적인 지식인들은 조선의 발전을 위해 ㉠'이것'을 주장했다. 대표적으로 김옥균은 서양의 문물을 도입하고 근대화를 추진하려 했으나, 당시 조선 사회의 보수적인 사람들에 부딪혀 그의 주장은 받아들여지지 않았다.

① 개화   ② 성과   ③ 탄압   ④ 협정   ⑤ 산업화

06 다음 빈칸에 들어갈 낱말로 알맞은 것은 무엇인가요? (   )

> 1932년, 중국 상하이의 훙커우 공원에서 윤봉길이라는 조선인이 일본군 대장에게 폭탄을 던진 사건이 발생했다. 이 사건이 일어난 이유를 모르는 외국인은 이를 '테러'라고 비판할 수도 있다. 하지만 당시의 시대적 흐름에서 보면, 이 사건은 [   ] 시기에 일본의 착취와 탄압 속에서 고통스럽게 살아야 했던 우리 민족의 분노와 독립을 향한 바람을 드러낸 의로운 행동으로 평가된다.

① 이산   ② 전쟁   ③ 휴전   ④ 산업화   ⑤ 일제 강점기

07 다음 빈칸에 공통으로 들어갈 낱말로 알맞은 것은 무엇인가요? (   )

> 유관순은 1919년 3·1 운동 당시 중요한 역할을 한 독립운동가이다. 그녀는 만세 운동을 하다가 일본 경찰에 체포되어 가혹한 고문을 받았지만, 독립 의지를 굽히지 않았다. 유관순의 용기와 희생은 당시 [   ]에 큰 영향을 미쳤다. 현재 유관순의 이름은 여러 기념관에 남아 있는데, 대표적으로 천안 유관순 기념관에 그녀의 [   ] 활동과 생애에 관한 자료가 보관되어 있다.

① 분단   ② 쇄국   ③ 식민지   ④ 양극화   ⑤ 독립운동

08 다음 밑줄 친 낱말과 뜻이 비슷한 낱말을 이 글에서 찾아 두 글자로 쓰세요.

> 우리나라는 1950년대까지는 농업과 어업 위주였지만, 1960년대에는 산업화가 시작되면서 신발, 가발, 섬유나 옷과 같은 경공업에 치중했다. 이후 1970년대에는 철강, 석유 화학, 기계, 조선 등의 중공업이 발전했고, 1980년대에는 자동차와 전자 제품 산업이 성장했다. 1990년대 이후에는 자동차와 반도체 산업에 힘을 쏟았으며, 최근에는 드라마나 영화와 같은 문화 산업이 세계적 수준으로 <u>발전</u>했다.

(   )

우리나라의 현대사

많은 역사학자가 우리나라 현대사의 시작을 1945년 8월 15일로 본다. 이날은 우리나라가 일본의 식민지에서 벗어난 날이다. 1910년부터 1945년까지 이어진 일제 강점기에 우리 민족은 일본의 무자비한 탄압과 경제적 ㉠수탈로 모진 수난을 겪었다. 그러나 우리 민족은 독립에 대한 꿈을 포기하지 않았고, 결국 광복을 맞이했다.

하지만 광복 이후, 우리 민족은 서로 다른 생각 때문에 남과 북으로 갈라졌고 1950년에는 6·25 전쟁이라는 큰 전쟁이 일어나게 되었다. 약 3년 1개월 동안 벌어진 전쟁은 심각한 상처를 남긴 채 1953년 7월 27일, 정전 협정을 통해 휴전되었다. 이후 우리나라는 휴전선을 중심으로 남한과 북한으로 ㉡나뉘어졌다.

전쟁이 끝났을 때, 우리나라는 전 세계에서 가장 가난한 나라 중 하나였다. 하지만 1960년 이후 진행된 ┃ ㉮ ┃을/를 통해 매우 빠른 속도로 경제 성장을 이루었고, 현재는 세계 10위권의 경제력을 가진 나라가 되었다.

요즘 우리 사회는 공동체 정신이 많이 사라졌고, 상대보다 앞서야 한다는 경쟁이 심해졌다. 또한, 국민 간에 빈부 격차로 인해 ┃ ㉯ ┃되는 현상도 나타났다. 이처럼 사회적 갈등이 심해지면 구성원들 간의 화합이 어려워질 수 있다. 따라서 경제 성장을 추구하되, 이러한 갈등을 줄이기 위해 노력해야 할 것이다.

09 ㉠의 뜻으로 알맞은 것은 무엇인가요? (   )

① 강제로 빼앗음.

② 바람직하게 이루어 낸 결과.

③ 두 대상이 서로 점점 더 달라지고 멀어짐.

④ 권력이나 무력으로 억지로 눌러 꼼짝 못 하게 함.

⑤ 능력이나 책임 등이 더 이상 미치지 못하는 막다른 지점.

10 ㉡과 뜻이 비슷한 낱말로 알맞은 것은 무엇인가요? (   )

① 개화   ② 분단   ③ 성과   ④ 수탈   ⑤ 탄압

11 ㉮와 ㉯에 들어갈 알맞은 낱말을 바르게 짝 지은 것은 무엇인가요? (   )

① ㉮: 산업화 – ㉯: 성장   ② ㉮: 산업화 – ㉯: 양극화   ③ ㉮: 양극화 – ㉯: 성과

④ ㉮: 양극화 – ㉯: 탄압   ⑤ ㉮: 한계점 – ㉯: 산업화

디지털 속 한 문장

다음을 보고, 독립운동이라는 낱말을 넣어 독립운동가에 관련된 글을 써 보세요.

#독립운동 #김좌진

오늘 나는 청산리 대첩에 관한 영화를 봤다. 대한독립군이 일본군에게 승리한 내용이 정말 멋있었다. 특히 김좌진 장군의 용감한 모습이 기억에 남았다. 독립운동을 위해 노력한 선조들 덕분에 오늘날 우리가 이렇게 자유롭게 살 수 있는 것 같다.

과학

01~04

주제별로 묶어 어휘를 의미적으로 연결하여 학습해 봐!

과학 주제 01 우리 몸의 배설 기관은 무슨 일을 할까?

사람이 음식을 먹으면 우리 몸은 필요한 물질과 에너지를 얻고, 오줌과 같은 **배설**을 통해 몸 밖으로 내보내요.

배 설

우리 몸은 오줌 외에도 땀이나 날숨을 통해 **노폐물**을 내보내는데, 그 종류에 따라 내보내지는 방법이 달라요.

노 폐 물

기 관

우리 몸은 여러 **기관**으로 이루어져 있어요. 이 기관들은 각자의 역할을 하며 건강을 유지해요.

콩 팥

오줌은 **콩팥**에서 만들어져요. 이 과정에서 노폐물과 물이 함께 배출되고, 몸에 필요한 성분들은 다시 흡수돼요.

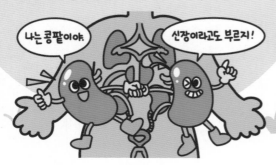

나는 콩팥이야

신장이라고도 부르지!

방 광

오줌은 **방광**에서 저장되었다가 일정량이 차면 몸 밖으로 나가게 돼요. 이 배설 과정을 통해 우리 몸은 건강을 지킬 수 있어요.

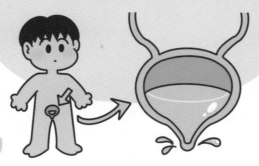

다음 글을 읽으며, 빈칸에 들어갈 낱말을 낱말밭에서 찾아 써 보세요.

사람은 몸을 구성하고 있는 여러 (1)[ㄱ ㄱ]이 원활하게 작용해야 생명을 유지할 수 있다. 각 기관은 서로 영향을 주고받기 때문에 한 기관에서 문제가 생기면 다른 기관에도 문제가 생긴다.

산소를 얻고 이산화 탄소를 내보내는 숨쉬기는 코, 기관(숨통), 기관지, 폐 등의 호흡 기관을 통해 이루어진다. 그리고 음식물을 먹어서 영양소를 얻는 일은 소화 기관을 통해 이루어진다. 소화 기관에는 입, 식도, 위, 작은창자, 큰창자, 항문 등이 있다. 산소와 영양소는 혈액을 통해 몸속 구석구석에 공급된다. 혈액이 온몸을 도는 일은 순환 기관을 통해 이루어진다. 심장에서 나온 혈액이 혈관을 따라 온몸을 거쳐 다시 심장으로 돌아오는 순환 과정은 살아 있는 동안 계속 반복된다. 그런데 산소와 영양소를 이용하여 몸에 필요한 에너지를 만들어 내는 과정에서 (2)[ㄴ ㅍ ㅁ]이 생기는데, 이를 그냥 두면 몸에 해로울 수 있다. 혈액 속에 있는 찌꺼기를 몸 밖으로 내보내는 것을 (3)[ㅂ ㅅ]이라고 하며, 이는 (4)[ㅋ ㅍ]과 (5)[ㅂ ㄱ] 등의 배설 기관을 통해 이루어진다. 한편, 시각, 청각, 후각, 미각, 촉각 등과 같은 외부의 자극은 눈, 귀, 코, 혀, 피부 등의 감각 기관을 통해 느낄 수 있다.

낱말밭 사전

확인 ☑

* **기관** 일정한 모양과 생물이 살아가는 데 필요한 기능을 가지고 있으면서 생물의 몸을 구성하는 부분. ☐

* **배설** 혈액 속의 영양분을 흡수하고 남은 찌꺼기를 몸 밖으로 내보내는 일. ☐

* **노폐물** 몸속에서 만들어진 여러 물질 중에 몸에 필요하지 않은 것. ☐

* **콩팥** 몸속에 생긴 혈액의 찌꺼기를 걸러내어 오줌을 만드는 장기. ☐

* **방광** 몸속에서 오줌을 저장하였다가 몸 밖으로 내보내는 주머니 모양의 장기. ☐

01 다음 낱말의 뜻으로 알맞은 것을 보기에서 찾아 기호를 쓰세요.

> **보기**
> ㉠ 몸속에서 만들어진 여러 물질 중에 몸에 필요하지 않은 것.
> ㉡ 몸속에 생긴 혈액의 찌꺼기를 걸러내어 오줌을 만드는 장기.
> ㉢ 몸속에서 오줌을 저장하였다가 몸 밖으로 내보내는 주머니 모양의 장기.

(1) 방광 (   )　　　(2) 콩팥 (   )　　　(3) 노폐물 (   )

02 다음 빈칸에 들어갈 낱말을 보기에서 찾아 쓰세요.

> **보기**
> 기관　　　　콩팥

(1) 우리가 잠을 자고 있을 때도 몸속의 여러 (   )은 작동을 멈추지 않는다.

(2) (   )은 혈액에서 노폐물을 걸러내어 소변을 만드는 중요한 역할을 한다.

03 다음 초성을 보고, 빈칸에 들어갈 알맞은 낱말을 쓰세요.

(1) | ㅂ | ㄱ |

✎ 그는 오랫동안 소변을 참아서 (   )이/가 터질 것 같았다.

(2) | ㄴ | ㅍ | ㅁ |

✎ 반신욕은 몸속의 (   )을/를 몸 밖으로 내보내는 데 도움이 된다.

04 다음 빈칸에 들어갈 낱말로 알맞은 것은 무엇인가요? (   )

> 음식물을 통해 몸 안에 들어온 탄수화물은 소화 과정을 거치면서 포도당이라는 성분으로 분해된다. 그런데 몸의 기능에 이상이 생기면 포도당이 몸 안에서 제대로 흡수되지 않고 오줌으로 [   ]될 수 있다. 이러한 상태를 '당뇨'라고 한다.

① 건조　　　② 배설　　　③ 성장　　　④ 유지　　　⑤ 축소

05 다음 밑줄 친 낱말과 같은 낱말이 들어갈 문장에 ○표 하세요.

> 폐는 우리 몸의 호흡 기관 중 하나이다.

① 물을 많이 마시면 몸에 있던 [   ]의 배출이 원활해진다. (   )

② [   ]에 문제가 생기면 소변의 색깔이나 양이 평소와 다를 수 있다. (   )

③ 뇌는 신경 세포들이 서로 연결되어 우리가 보고 듣고 느낀 정보를 처리하는 [   ] (이)다. (   )

06 다음 밑줄 친 낱말과 바꾸어 쓸 수 있는 낱말을 **보기**에서 찾아 쓰세요.

> **보기**
>
> 방광   배설   콩팥

> 사람들이 <u>오줌보</u>라고 부르는 장기는 속이 빈 주머니 모양의 근육이다. 이 근육의 힘이 약해지면 오줌 누는 것을 조절하기 어려워질 수 있다. 예를 들어, 소변이 자주 새는 문제가 생길 수 있다. 이러한 현상은 주로 나이가 많은 노인에게서 나타나며, 이는 근육이 약해져서 생기는 자연스러운 변화이다.

(   )

2단계 **활용**

07 다음 **보기**의 그림을 보고, **조건**에 맞게 문장을 만들어 쓰세요.

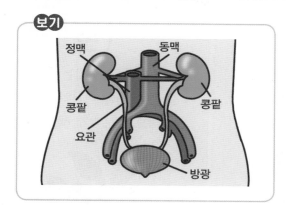

> **조건**
> 1. '콩팥', '방광'이라는 두 낱말을 모두 사용할 것.
> 2. '콩팥'과 '방광'의 개수를 넣어서 문장을 만들 것.

동물 세포와 식물 세포에는 **핵**이라는 기관이 있어요. 핵은 세포의 활동을 조절하고, 생물체의 여러 정보를 가지고 있어요.

핵

동물 세포와 식물 세포는 **세포막**으로 싸여 있어요. 세포막은 세포에 필요한 물질이 드나들 수 있게 해 줘요.

세 포 막

세 포

동물과 식물 모두 **세포**로 이루어져 있어요. 그런데 동물 세포와 식물 세포의 구조는 비슷하지만, 다른 점이 있어요.

세 포 벽

동물 세포와 달리 식물 세포에는 **세포벽**이 있어요. 세포벽은 세포를 보호하고 지탱해 주는 역할을 해요.

엽 록 체

식물 세포에는 **엽록체**도 있어요. 엽록체는 햇빛을 이용해 영양분을 만들고, 잎이 녹색으로 보이게 해요.

다음 글을 읽으며, 빈칸에 들어갈 낱말을 낱말밭에서 찾아 써 보세요.

모든 생물체는 크기와 상관없이 ⁽¹⁾［ ㅅ | ㅍ ］(으)로 이루어져 있다. 세포는 현미경으로만 볼 수 있을 만큼 매우 작으며 세포 안에는 더 작은 여러 가지 기관들이 들어 있다.

모든 세포를 구성하는 중요한 기관으로는 ⁽²⁾［ ㅎ ］이/가 있다. 이 기관은 세포핵이라고도 하는데, 세포 분열과 유전을 담당하는 물질인 DNA가 들어 있다. 또한, 세포의 발전소 같은 역할을 하는 미토콘드리아라는 기관도 있다. 세포는 ⁽³⁾［ ㅅ | ㅍ | ㅁ ］(이)라는 아주 얇은 막으로 둘러싸여 있으며, 세포막은 세포 내부를 보호하면서 세포 활동에 필요한 물질만 선택적으로 통과시키는 역할을 한다.

그렇다면 동물 세포와 식물 세포는 어떤 차이가 있을까? 먼저, 동물 세포는 세포막만 있다. 반면에 식물 세포는 ⁽⁴⁾［ ㅅ | ㅍ | ㅂ ］이/가 있다. 이 기관은 세포의 형태를 유지하고 보호하는 역할을 하며 세포막보다 두껍고 단단하다. 또한, 식물의 잎 세포에는 동물 세포에 없는 ⁽⁵⁾［ ㅇ | ㄹ | ㅊ ］이/가 들어 있다. 이 기관은 빛을 이용하여 녹말과 같은 양분을 만들어 내는 엽록소라는 녹색 색소를 지니고 있어서, 식물의 잎이 녹색을 띠게 된다.

낱말밭 사전

확인☑

* **세포** 식물이나 동물의 조직을 이루는 가장 작은 단위. ☐

* **핵** 동물 세포나 식물 세포의 중심에 있는 둥근 모양의 알갱이. ☐

* **세포막** 동물 세포나 식물 세포의 거죽을 이루는 얇은 막. ☐

* **세포벽** 식물 세포의 가장 바깥쪽을 둘러싸고 있는 껍질. ☐

* **엽록체** 식물 잎의 세포 안에 있고 광합성을 하는 녹색 색소를 지닌 작은 기관. ☐

01 다음 뜻을 가진 낱말을 보기에서 찾아 쓰세요.

> 보기
>
> 세포   세포벽

(1) 식물 세포의 가장 바깥쪽을 둘러싸고 있는 껍질. (   )

(2) 식물이나 동물의 조직을 이루는 가장 작은 단위. (   )

02 다음 밑줄 친 낱말의 뜻으로 알맞은 것을 찾아 ○표 하세요.

> 식물의 잎에는 <u>엽록체</u>가 있어서 스스로 영양분을 만들 수 있다.

① 몸속에서 만들어진 여러 물질 중에 몸에 필요하지 않은 것. (   )

② 식물 잎의 세포 안에 있고, 광합성을 하는 녹색 색소를 지닌 작은 기관. (   )

03 다음 빈칸에 들어갈 낱말 보기에서 찾아 쓰세요.

> 보기
>
> 핵   세포벽   엽록체

(1) (   )이/가 손상된 식물은 광합성을 제대로 할 수 없다.

(2) (   )은/는 세포의 중심에서 유전 정보를 저장하며 세포 기능을 조절한다.

(3) 식물의 (   )은/는 세포의 내용물을 보호하고 구조를 유지하는 역할을 한다.

04 다음 빈칸에 공통으로 들어갈 낱말로 알맞은 것은 무엇인가요? (   )

> 현재 전 세계에서 가장 큰 나무의 높이는 약 83.8미터이다. 이 거대한 나무는 사실 눈에 보이지 않을 정도로 작은 [   ]들로 이루어져 있다. 이러한 [   ]들은 단독으로는 매우 작은 크기이지만, 엄청나게 많은 수가 쌓이고 연결되어 마치 아파트 40층 높이의 큰 생명체를 이루게 되는 것이다.

① 핵   ② 세포   ③ 세포막   ④ 세포벽   ⑤ 엽록체

05 다음 빈칸에 들어갈 알맞은 낱말을 **보기**에서 찾아 쓰세요.

> **보기**
>
> 세포막   세포벽   엽록체

> 식물은 빛과 물, 이산화 탄소 등을 이용하여 스스로 양분을 만드는데, 이를 광합성
> 이라고 한다. 광합성은 식물의 잎에 있는 〔   〕에서 주로 일어나며, 이 과정에서
> 만들어진 녹말 같은 영양분은 줄기를 통해 뿌리와 꽃 등 식물 곳곳으로 이동한다. 이
> 때 남은 영양분은 뿌리나 줄기에 저장되어, 식물이 필요로 할 때 다시 사용된다.

(   )

06 다음 ㉠~㉤ 중 낱말의 쓰임이 알맞지 <u>않은</u> 것은 무엇인가요? (   )

> 식물 ㉠기관은 식물을 이루는 작은 요소이다. 식물 세포의 바깥쪽에는 ㉡세포막
> 이 있어서 세포를 보호하며, ㉢세포벽은 세포가 더 튼튼하도록 지지한다. 세포의 가
> 운데에는 세포의 중요한 정보를 담고 있는 ㉣핵이 있다. 또한, 식물 세포에는 ㉤엽록
> 체가 있어서 햇빛을 이용해 식물이 살아갈 수 있는 영양분을 만든다. 이 모든 부분이
> 함께 작용하면서 식물이 잘 자랄 수 있도록 돕는다.

① ㉠   ② ㉡   ③ ㉢   ④ ㉣   ⑤ ㉤

2단계 **활용**

07 다음 **보기**와 같이 주어진 낱말을 넣어 짧은 문장을 만들어 쓰세요.

> **보기**
>
> 세포벽
>
> ✎ 세포벽은 세포를 외부로부터 보호하고 세포의 모양을 유지하도록 한다.

(1) 핵

✎ _____

(2) 세포막

✎ _____

낱말밭

공룡은 아주 오래전 지구에 살았던 생물이 예요. 우리는 화석을 통해 공룡과 같은 여러 고생물들의 모습을 짐작해 볼 수 있어요.

고 생 물

준하는 공룡의 유해를 찾아 연구하면서, 아직까지 발견되지 않은 새로운 공룡을 찾아 보고 싶어요.

유 해

화 석

준하는 공룡을 좋아해요. 그래서 어른이 되면 공룡 화석을 연구하는 학자가 되어 공룡에 대해 더 깊이 알고 싶어요.

흔 적

준하는 공룡의 알, 배설물, 발자국과 같은 흔적을 통해 공룡이 어떻게 살았는지를 알아내고 싶지요.

지 층

준하는 지층을 연구하면서 진흙이나 모래 같은 퇴적물 속에서 화석을 찾아 공룡이 살던 과거를 밝혀낼 거예요.

다음 글을 읽으며, 빈칸에 들어갈 낱말을 낱말밭에서 찾아 써 보세요.

우리가 박물관이나 책에서 본 공룡의 뼈는 실제 뼈가 아니라 뼈 모양의 (1) ㅎ ㅅ (이)다. 화석은 공룡처럼 아주 오래전에 지구상에서 살았던 (2) ㄱ ㅅ ㅁ 을/를 알 수 있는 자료 중 하나이다. 공룡을 비롯해 매머드, 물고기, 잠자리, 파리, 나무, 고사리 등 다양한 생물의 자취가 화석으로 남아 있다.

죽은 생물의 몸체가 화석이 되려면 여러 조건이 충족되어야 한다. 먼저, 죽은 동식물이 호수나 바다의 바닥으로 운반되어야 한다. 이때 그 몸체에 단단하거나 질긴 부분이 있어야 한다. 그리고 몸체가 썩기 전에 진흙이나 모래, 자갈 같은 퇴적물로 덮여야 하며, 오랜 시간 보존되어야 한다. 이후 시간이 흐르면서 점차 여러 광물이 스며들어 뼈나 껍데기, 줄기나 잎맥 같은 부분이 화석이 된다. 이런 점 때문에 화석은 대부분 퇴적물이 쌓여 형성된 (3) ㅈ ㅊ 속에서 발견된다. 동물의 (4) ㅇ ㅎ 뿐만 아니라 발자국이나 배설물 같은 생활 (5) ㅎ ㅈ 도 화석이 된다.

화석을 통해 우리는 아주 오래전에 살았던 생물들의 종류와 형태, 진화 과정, 화석이 발견된 장소의 예전 환경 등을 알 수 있다. 예를 들어, 산에서 물고기 화석이 발견되면 그곳이 예전에는 바다였다고 추측할 수 있다.

낱말밭 사전   확인 ✓

* **화석** 아주 옛날에 살았던 생물의 뼈나 흔적이 암석이나 지층 속에 남아 있는 것. ☐

* **고생물** 아주 옛날에 살았던 동물과 식물. ☐

* **유해** 죽은 생물의 몸이나 뼈. ☐

* **흔적** 어떤 것이 없어졌거나 지나간 뒤에 남은 자국이나 자취. ☐

* **지층** 오랜 세월이 흐르는 동안 자갈이나 흙 등이 쌓여 층을 이루면서 돌처럼 굳어진 것. ☐

과학 주제 03 낱말밭 일일학습 - 1단계 확인과 적용

01 다음 낱말의 뜻으로 알맞은 것을 **보기** 에서 찾아 기호를 쓰세요.

보기
> ㉠ 아주 옛날에 살았던 동물과 식물.
> ㉡ 어떤 것이 없어졌거나 지나간 뒤에 남은 자국이나 자취.
> ㉢ 아주 옛날에 살았던 생물의 뼈나 흔적이 암석이나 지층 속에 남아 있는 것.

(1) 화석 (   )   (2) 흔적 (   )   (3) 고생물 (   )

02 다음 빈칸에 들어갈 낱말을 **보기** 에 있는 글자 카드로 만들어 쓰세요.

보기

| 고 | 지 | 물 | 층 | 생 |

(1) 공룡과 같은 거대 (   )의 멸종 원인은 아직 밝혀지지 않았다.

(2) (   )의 각 층은 서로 다른 시기에 형성된 퇴적물로 이루어져 있다.

03 다음 문장에 어울리는 낱말을 찾아 ○표 하세요.

(1) 홍수로 인해 논밭의 작물이 (유해 , 흔적)도 없이 사라졌다.

(2) 암석 속에서 오래전의 곤충으로 보이는 (지층 , 화석)을 발견했다.

(3) 이 지역의 (유해 , 지층)을/를 보면 과거에 바다였음을 알 수 있다.

(4) 이곳에서 발견된 (유해 , 지층)은/는 수천 년 전의 동물일 것으로 보인다.

04 다음 중 밑줄 친 낱말을 바르게 사용하여 말한 친구의 이름을 쓰세요.

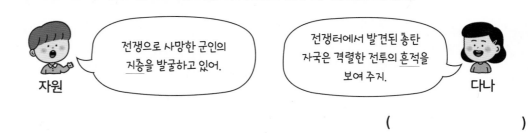

자원: 전쟁으로 사망한 군인의 <u>지층</u>을 발굴하고 있어.

다나: 전쟁터에서 발견된 총탄 자국은 격렬한 전투의 <u>흔적</u>을 보여 주지.

(   )

05 다음 빈칸에 들어갈 알맞은 낱말을 보기에서 찾아 쓰세요.

> 보기
>
> 지층   화석   고생물

> 비늘 나무와 같은 [   ]은 약 3억 년 전 고대 숲에서 많이 살았었다. 이 식물들은 죽은 후 진흙 등의 퇴적물 속에 묻혀 시간이 지나면서 압축되고 형태가 변화하여 석탄으로 변형되었다. 이 고대 식물들의 잔해가 변해서 만들어진 석탄은 에너지 자원으로 사용되고 있다.

(   )

06 다음 밑줄 부분과 바꾸어 쓸 수 있는 낱말로 알맞은 것은 무엇인가요? (   )

> 2024년 4월, '동물 현충원'이 문을 열었다. 현충원이 국가에 공을 세운 사람들의 묘지인 것처럼 동물 현충원은 국가를 위해 헌신한 동물들의 묘지이다. 자격이 있는 동물이 죽어서 동물 현충원에 오게 되면, 예의를 다해 태극기로 감싸고 불에 태운다. 이 과정이 끝나면 남은 뼈를 가루로 만들어서 나무 상자에 넣고 정해진 장소에 묻는다.

① 유해   ② 지층   ③ 화석   ④ 흔적   ⑤ 고생물

2단계   **활용**

07 다음 보기와 같이 주어진 낱말을 넣어 짧은 문장을 쓰세요.

> 보기
>
> 흔적
>
> ✎ 화산 폭발로 마을이 사라졌지만, 그 흔적은 여전히 남아 있다.

(1) 지층

✎ --

(2) 화석

✎ --

과학 주제 04 지구는 어떤 운동을 하고 있을까?

지구는 태양을 중심으로 **공전**하는 8개의 행성 중 하나예요. 지구는 달이라는 위성을 가지고 있어요.

공전

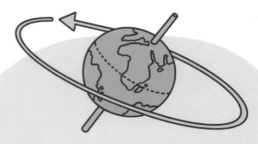

지구는 약 23.5도 기울어진 채로 하루에 한 번 **자전**을 해요. 지구의 자전으로 인해 낮과 밤이 만들어져요.

자전

지구

지구를 '별'이라고 알고 있나요? 별은 태양과 같이 스스로 빛을 내는 천체를 말해요. 따라서 지구는 '별'이 아니에요.

백야

자전의 영향이 거의 없는 북극과 남극의 일부 지역에서는 몇 달 동안 해가 지지 않는 **백야** 현상이 나타나요.

극야

북극과 남극 지역에서 백야가 진행될 때, 그 반대편 지역에서는 몇 달 동안 해가 뜨지 않고 밤이 계속되는 **극야** 현상이 나타나요.

다음 글을 읽으며, 빈칸에 들어갈 낱말을 낱말밭에서 찾아 써 보세요.

흔히 "해가 떠오른다." 혹은 "해가 진다."라는 말을 하지만, 실제로는 해가 움직이는 것이 아니라 (1)[ㅈ | ㄱ]이/가 시계 반대 방향으로 도는 것이다. 지구는 자전축을 기준으로 약 23.5도 기울어진 채 서쪽에서 동쪽으로 시속 약 1,670㎞의 속도로 돌고 있다. 이것을 (2)[ㅈ | ㅈ](이)라고 하며, 한 바퀴 도는 데 약 24시간이 걸린다. 이때 지구의 태양을 향하는 쪽은 낮이 되고, 반대쪽은 밤이 된다.

한편, 지구는 태양 주위를 일 년에 한 번 서쪽에서 동쪽으로 도는데, 이를 (3)[ㄱ | ㅈ](이)라고 한다. 지구가 공전함으로써 계절이 변화가 생긴다. 예를 들어, 지구의 북반구가 태양을 향해 기울어져 있을 때는 낮이 길어져 여름이 되고, 반대로 남반구가 태양을 향해 기울어져 있을 때는 낮이 짧아져 겨울이 된다. 반대로 북반구가 겨울철일 때는 남반구가 여름이 된다.

지구의 자전 속도는 적도에서 가장 빠르며, 극지방에서는 자전 속도가 거의 0에 가까워진다. 이로 인해 극지방에서는 공전의 영향으로 여름철에는 몇 개월간 낮이 계속되며, 겨울철에는 몇 개월간 밤이 계속되는 현상이 발생한다. (4)[ㅂ | ㅇ]은/는 여름철에 낮이 계속되는 현상이며, (5)[ㄱ | ㅇ]은/는 겨울철에 밤이 계속되는 현상이다.

낱말밭 사전

확인 ☑

* **지구** 태양에 세 번째로 가까운 행성으로, 인류가 살고 있는 곳. ☐

* **공전** 한 천체가 다른 천체의 둘레를 일정하게 도는 일. ☐

* **자전** 천체가 고정된 축을 중심으로 스스로 회전하는 운동. ☐

* **백야** 밤인데도 어두워지지 않는 현상. ☐

* **극야** 오랫동안 해가 뜨지 않고 밤만 계속되는 상태. ☐

 1 단계 **확인과 적용**

01 다음 뜻을 가진 낱말을 보기에서 찾아 쓰세요.

> 보기
>
> 공전   백야   지구

(1) 밤인데도 어두워지지 않는 현상. (   )

(2) 한 천체가 다른 천체의 둘레를 일정하게 도는 일. (   )

(3) 태양에 세 번째로 가까운 행성으로, 인류가 살고 있는 곳. (   )

02 다음 빈칸에 들어갈 낱말을 보기에서 찾아 쓰세요.

> 보기
>
> 극야   지구

(1) (   )가 시작되면 태양을 보지 못해 낮과 밤의 구분이 어렵다.

(2) 수백 년 전까지도 사람들은 태양이 (   ) 주위를 돈다고 생각했다.

03 다음 문장의 빈칸에 들어갈 낱말을 찾아 선으로 이으세요.

(1) 위성은 행성의 둘레를 [   ]하는 천체이다.   •   • ㉠ 공전

(2) 지구는 약 23시간 56분마다 한 바퀴 [   ]한다.   •   • ㉡ 자전

(3) 과학자들은 [   ] 밖에서도 생명체가 존재할 가능성을 연구하고 있다.   •   • ㉢ 지구

04 다음 빈칸에 공통으로 들어갈 낱말로 알맞은 것은 무엇인가요? (   )

> 어느 날 갑자기 지구의 [   ]이/가 멈춘다면 어떤 일이 벌어질까? 지구가 [   ]을/를 멈추는 순간, 지구 표면에 있는 모든 것이 시속 1,670km의 속도로 동쪽을 향해 날아갈 것이다. 이는 지구가 자전축을 기준으로 서쪽에서 동쪽으로 회전하기 때문이다. 이러한 급격한 변화는 지구에 엄청난 지진과 해일을 일으킬 수 있다.

① 공전   ② 극야   ③ 백야   ④ 자전   ⑤ 화석

05 다음 ㉠과 ㉡에 들어갈 알맞은 낱말을 바르게 짝 지은 것은 무엇인가요? (   )

> 달은 스스로 한 바퀴 회전하는 운동인 [㉠]에 약 27.3일이 걸린다. 또한, 달이 지구를 한 바퀴 도는 운동인 [㉡]에도 약 27.3일이 걸린다. 즉, [㉠] 주기와 [㉡] 주기가 동일하다. 이 때문에 지구에서 달을 보면 언제나 한쪽 면만 보게 된다. 따라서 지구에서는 어느 곳에서도 달의 뒷면을 볼 수 없다.

① ㉠: 공전 – ㉡: 극야   ② ㉠: 공전 – ㉡: 자전   ③ ㉠: 자전 – ㉡: 공전

④ ㉠: 자전 – ㉡: 백야   ⑤ ㉠: 자전 – ㉡: 흔적

06 다음 ㉠과 ㉡에 들어갈 알맞은 낱말을 **보기**에서 찾아 쓰세요.

> **보기**
>
> 극야   백야   자전

> 핀란드는 북위 60~70°에 위치해 있으며, 나라의 1/3이 북극권에 속해 있다. 이로 인해 핀란드 북부 지역에서는 여름에 70일 이상 밤이 되어도 어두워지지 않는 [㉠] 현상이 발생한다. 반면에 겨울에는 몇 달 동안 해가 뜨지 않는 [㉡] 현상도 일어난다. 이러한 현상은 지구의 자전축이 기울어져 있기 때문에 발생하며, 특히 북극권 내의 국가들에서 뚜렷하게 나타난다.

(1) ㉠: (   )   (2) ㉡: (   )

활용

07 다음 **보기**의 내용을 참고하여, **조건**에 맞게 문장을 만들어 쓰세요.

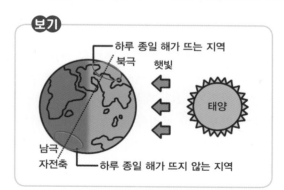

조건
1. 왼쪽의 그림을 통해 알 수 있는 내용을 설명할 것.
2. '백야'와 '극야'라는 두 낱말을 모두 사용할 것.

01 다음 문장의 빈칸에 들어갈 낱말을 찾아 선으로 이으세요.

(1) 사춘기 때에는 신체 [   ]의 변화가 눈에 띄게
나타난다.

· ㉠ [기관]

(2) [   ]은/는 식물의 생존을 가능하게 하는 핵
심 요소이다.

· ㉡ [배설]

(3) 사람은 음식을 먹고 나서 적절한 [   ]을/를
못하면 건강을 해친다.

· ㉢ [엽록체]

02 다음 초성을 보고, 빈칸에 들어갈 알맞은 낱말을 쓰세요.

(1) [ㅈ][ㄱ]

✎ 옛날에 사람들은 (   )이/가 둥글지 않고 평평하다고 생각하기도 했다.

(2) [ㄴ][ㅍ][ㅁ]

✎ 우리 몸에서 필요 없는 (   )은/는 땀이나 오줌의 형태로 몸에서 내보내
진다.

03 다음 문장에 어울리는 낱말을 찾아 ○표 하세요.

(1) (세포 , 콩팥)은 노폐물을 걸러 오줌으로 내보낸다.

(2) 경주에는 신라의 (유해 , 흔적)이/가 곳곳에 남아있다.

(3) 겨울철 알래스카에서는 (극야 , 백야) 현상으로 낮에도 어두운 상태가 된다.

04 다음 밑줄 친 낱말과 바꾸어 쓸 수 있는 낱말로 알맞은 것은 무엇인가요? (   )

> 우리 몸에는 여러 가지 장기가 있다. 대부분의 장기는 다른 사람에게 이식할 수 있
> 는데, 그중에서도 몸속의 불필요한 물질을 몸 밖으로 배출하는 신장이 가장 많이 이
> 식된다. 이 장기의 기능이 손상되면, 몸 안에 과도한 수분과 노폐물이 쌓여서 심각한
> 건강 문제를 일으킬 수 있다.

① 방광　　　② 배설　　　③ 콩팥　　　④ 세포막　　　⑤ 세포벽

05 다음 ㉠이 가리키는 낱말로 알맞은 것은 무엇인가요? (   )

> 동물 세포의 ㉠'이것'은 모양을 유연하게 바꿀 수 있어 세포의 이동을 돕는다. 또한, 물질의 출입을 조절하고 세포 신호 전달과 세포 간 상호작용을 원활하게 할 수 있도록 한다. 이러한 특성 덕분에 동물 세포는 복잡한 조직과 기관에서 효율적으로 기능할 수 있다.

① 기관   ② 백야   ③ 세포벽   ④ 세포막   ⑤ 엽록체

06 다음 빈칸에 공통으로 들어갈 낱말로 알맞은 것은 무엇인가요? (   )

> ☐☐☐☐은/는 소변을 저장하는 근육질의 장기이다. ☐☐☐☐이/가 저장할 수 있는 소변의 최대량은 성인 남성과 여성 간의 큰 차이 없이 약 400~700cc 정도이다. ☐☐☐☐에 소변이 250~300cc 정도 차면 소변이 마려워진다. 일반적으로 성인의 몸에서는 하루에 약 1,500~2,000cc 정도의 소변이 만들어진다.

① 핵   ② 기관   ③ 방광   ④ 세포   ⑤ 노폐물

07 다음 ㉠~㉤ 중 낱말의 쓰임이 알맞지 <u>않은</u> 것은 무엇인가요? (   )

> 아주 오래전 ㉠지구에는 지금은 찾아볼 수 없는 다양한 동물과 식물이 살았다. 이러한 ㉡핵은 죽으면 대부분 다른 동물에게 먹히거나 미생물에 의해 분해되어 형체가 사라졌다. 그런데 죽은 동식물이 퇴적 작용이 활발한 지역에 퇴적물과 함께 묻히게 되면 단단하거나 매우 질긴 부분이 보존되기도 했다. 이러한 생물의 ㉢유해나 ㉣흔적이 오랜 세월을 거치면서 돌처럼 굳은 것을 ㉤화석이라고 한다.

① ㉠   ② ㉡   ③ ㉢   ④ ㉣   ⑤ ㉤

08 다음 빈칸에 들어갈 낱말로 알맞은 것은 무엇인가요? (   )

> 뉴턴의 만유인력 법칙에 따르면, 지구는 ☐☐☐☐하면서 원심력과 중력의 균형을 유지한다. 지구가 하루에 한 번 스스로 한 바퀴를 돌 때, 물체가 지구의 중심에서 멀어지려는 힘인 원심력을 경험한다. 그러나 모든 물체를 지구의 중심으로 끌어당기는 힘인 중력이 원심력에 의해 물체가 팅기려는 것을 잡아준다. 그래서 지구는 두 힘의 균형을 이루며 계속 회전할 수 있다.

① 공전   ② 극야   ③ 백야   ④ 자전   ⑤ 흔적

[09~11] 다음 글을 읽고, 물음에 답하세요.

세균과 바이러스

과학자들이 ㉠지구의 지표면 아래에 쌓인 퇴적물들의 층을 연구한 결과, 지구의 나이는 약 45억 년으로 추정된다. 최초의 식물이 육지에 나타난 시기는 약 4억 5,000만 년 전으로, 이는 식물 화석을 통해 확인되었다. 그런데 세균과 바이러스는 약 35억 년 전부터 지구에 존재했을 것으로 여겨지며, 초기 생명체 중 하나라고 볼 수 있다.

세균과 바이러스는 둘 다 아주 작은 미생물이면서 질병을 일으킬 수 있다는 점은 같지만, 구조와 생명 활동 방식이 완전히 다르다. 세균은 세포막과 세포벽, 핵, 세포질 등의 여러 기관으로 구성된 세포이다. 반면에 바이러스는 다른 모든 생물 세포에 있는 핵 대신에 유전 정보가 담긴 핵산이라는 물질과 이를 둘러싼 단백질로 구성된 단순한 구조이다. 따라서 세포라고 볼 수 없다.

세균은 스스로 양분을 섭취하여 소화와 배설 등의 생명 활동을 한다. 그러나 바이러스는 살아 있는 세포 안에서 기생하여 그 세포의 기관과 에너지를 이용해 자신을 복제한다. 이때 대상이 되는 생물체를 숙주라고 한다. 사람을 비롯하여 지구상의 모든 동물과 식물, 심지어는 곰팡이와 세균 같은 미생물의 세포까지 숙주로 이용된다.

09 ㉠과 바꾸어 쓸 수 있는 낱말로 알맞은 것은 무엇인가요? (   )

① 기관　　　② 물질　　　③ 배설　　　④ 지층　　　⑤ 화석

10 다음 뜻을 가진 낱말을 윗글에서 찾아 세 글자로 쓰세요.

> 식물 세포의 가장 바깥쪽을 둘러싸고 있는 껍질.

(   )

11 다음은 윗글을 정리한 문장입니다. 빈칸에 공통으로 들어갈 낱말로 알맞은 것은 무엇인가요? (   )

> 세균과 바이러스는 모두 질병을 일으키는 미생물이지만 세균은 독립된 [   ] (이)라서 스스로 증식할 수 있고, 바이러스는 완전한 [   ]이/가 아니라서 스스로 증식할 수 없다.
>
> * 증식: 생물이나 조직 세포 등이 세포 분열을 하여 그 수를 늘려 가는 일.

① 공전　　　② 극야　　　③ 세포　　　④ 노폐물　　　⑤ 세포벽

🌼 디지털 속 한 문장

정답 및 해설 **28**쪽

다음을 보고, **백야**라는 낱말을 넣어 ㉠에 들어갈 대화 글을 써 보세요.

━ □ ✕

👤2   🔍 📞 📹 ☰

이모, 러시아에서 잘 지내고 있어요?
                                              예은

응, 나는 잘 지내고 있어. 여기는 지금 백야
기간이어서 밤인데도 낮처럼 밝아. 하지만 풍경
은 정말 아름다워.
이모

이모

                                              ㉠
                                              예은

😊 🗂 🕐 📎 ⊿   ──○ 전송

✎

과학

05~08

주제별로 묶어 어휘를 의미적으로 연결하여 학습해 봐!

과학 주제 05 빛은 어떤 특징을 가지고 있을까?

빛은 **직진**하는 성질을 가지고 있어요. 예를 들어, 어두운 곳에서 레이저를 쏘면 빛이 곧게 나가는 것을 확인할 수 있어요.

직 진

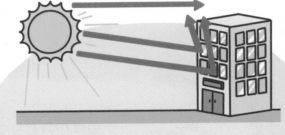

태양 같은 **광원**에서 나오는 빛은 공기 중에서는 직진하지만, 물이나 유리 등 다른 성질의 물질을 만나면 그 방향이 바뀌어요.

광 원

빛

물이 담긴 컵에 빨대를 넣으면 빨대가 꺾여 보이는 현상이 있어요. 이는 **빛**의 성질 때문이에요.

반 사

빨대에 빛이 닿으면 일부는 **반사**되어 우리의 눈에 들어보고, 우리는 그 빛을 통해 빨대의 모양을 알 수 있어요.

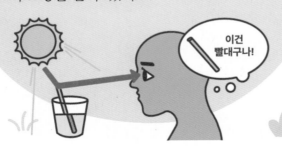

굴 절

물이 담긴 컵 속 빨대가 꺾여 보이는 이유는 빛이 물의 표면에서 **굴절**된 후에 '물속의 빨대에 닿아 반사되기 때문이지요.

다음 글을 읽으며, 빈칸에 들어갈 낱말을 낱말밭에서 찾아 써 보세요.

　　지구에서 (1)[ㅂ] 이/가 사라진다면 대부분의 생물은 살아남기 어려울 것이다. 지구에 가장 많은 빛을 보내는 것은 태양이다. 태양은 매우 강한 빛과 열을 내보내는데, 이처럼 스스로 빛을 내는 물체를 (2)[ㄱ][ㅇ](이)라고 한다. 손전등이나 전구 같은 것도 광원이다.

　　광원에서 나온 빛은 곧게 나아가는 성질이 있다. 즉, 성질이 같은 물질 내에서는 방향을 바꾸지 않고 (3)[ㅈ][ㅈ]한다. 어두운 밤길에 손전등을 켜 보면 이 원리를 확인할 수 있다. 그러나 직진하던 빛이 어떤 물체에 닿으면 방향이 반대로 바뀌는데, 이를 (4)[ㅂ][ㅅ](이)라고 한다. 물체에 닿아 반사된 빛을 통해 우리는 그 물체의 모양과 색깔을 알 수 있게 된다. 거울은 빛의 반사를 이용하여 물체의 모습을 비춘다. 또한, 밤에 달이 밝게 보이는 이유는 달이 스스로 빛을 내서가 아니라 태양의 빛을 반사하기 때문이다.

　　한편, 공기 속을 직진하던 빛이 물이나 렌즈, 프리즘 같은 성질이 다른 물질을 만나면 그 경계면에서 방향이 꺾인다. 이를 빛의 (5)[ㄱ][ㅈ](이)라고 한다. 물속에서 다리가 짧게 보이는 것은 빛이 굴절되었기 때문이다.

낱말밭 사전

확인 ☑

* **빛**　우리 눈을 자극하여 물체를 볼 수 있게 하는 일종의 전자파. ☐

* **직진**　곧게 나아감. ☐

* **광원**　제 스스로 빛을 내는 물체. ☐

* **반사**　한 방향으로 나아가던 빛이나 소리 등이 다른 물체에 부딪쳐서 나아가던 방향을 반대로 바꾸는 현상. ☐

* **굴절**　빛이나 소리 등이 직진하다가 서로 다른 물질의 경계면을 지나면서 방향이 꺾이는 현상. ☐

 확인과 적용 ∿∿∿∿∿∿∿∿∿∿∿∿∿∿∿∿∿∿∿∿∿∿∿∿∿∿∿∿

01 다음 낱말의 뜻으로 알맞은 것을 **보기**에서 찾아 기호를 쓰세요.

> **보기**
> ㉠ 곧게 나아감.
> ㉡ 제 스스로 빛을 내는 물체.
> ㉢ 우리 눈을 자극하여 물체를 볼 수 있게 하는 일종의 전자파.

(1) 빛 (   )   (2) 광원 (   )   (3) 직진 (   )

02 다음 빈칸에 들어갈 낱말을 **보기**에 있는 글자 카드로 만들어 쓰세요.

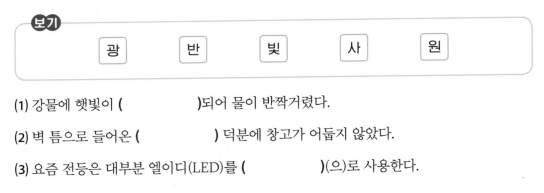

> **보기**
> | 광 | 반 | 빛 | 사 | 원 |

(1) 강물에 햇빛이 (   )되어 물이 반짝거렸다.

(2) 벽 틈으로 들어온 (   ) 덕분에 창고가 어둡지 않았다.

(3) 요즘 전등은 대부분 엘이디(LED)를 (   )(으)로 사용한다.

03 다음 초성을 보고, 빈칸에 들어갈 알맞은 낱말을 쓰세요.

(1) | ㅂ | ㅅ |

✎ 거울에 빛이 너무 강하게 (   )되어 눈이 부셨다.

(2) | ㅈ | ㅈ |

✎ 길이 (   )(으)로 곧게 뻗어 있어서 방향을 쉽게 찾을 수 있었다.

04 다음 밑줄 친 부분과 뜻이 비슷한 낱말로 알맞은 것을 찾아 ○표 하세요.

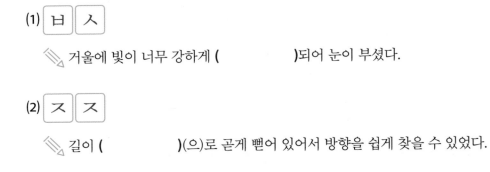

> 볼록 렌즈는 가운데가 가장자리보다 두꺼운 렌즈이다. 볼록 렌즈를 통해 물체를 보면 실제보다 크게 보이거나 뒤집혀 보일 수 있다. 이는 물체에서 반사된 빛이 우리 눈에 들어오는 과정에서 볼록 렌즈를 통과할 때 <u>방향이 꺾이기</u> 때문이다.

(광원 , 굴절 , 자전)

05 다음 빈칸에 공통으로 들어갈 낱말로 알맞은 것은 무엇인가요? (   )

태양이나 전등과 같은 [   ]에서 나와 공기 중을 나아가던 빛이 책이나 손과 같은 불투명한 물체에 닿으면, 빛이 물체를 통과할 수 없어 그 물체의 뒷면에 그림자가 생긴다. 이때 물체와 [   ] 사이의 거리에 따라 그림자의 크기가 달라진다. 즉, 물체와 [   ] 사이의 거리가 멀수록 그림자가 작아지고, 물체와 [   ] 사이의 거리가 가까울수록 그림자가 커진다.

① 공전   ② 광원   ③ 극야   ④ 반사   ⑤ 직진

06 다음 ㉠과 ㉡에 들어갈 알맞은 낱말을 **보기**에서 찾아 쓰세요.

보기

공원   굴절   직진

햇빛이 프리즘을 통과하면 무지개색으로 나열되어 보인다. 햇빛은 여러 가지 색깔을 나타내는 다양한 파장으로 구성되어 있다. 이러한 햇빛이 공기 중을 [㉠]하다가 프리즘을 만나 통과할 때, 프리즘의 표면에서 빛의 방향이 [㉡]된다. 이때 색깔에 따라 빛의 [㉡] 정도가 달라지기 때문에, 여러 색깔이 서로 다른 방향으로 흩어져서 우리 눈에는 한 줄로 나열된 것처럼 보이는 것이다.

(1) ㉠: (   ) (2) ㉡: (   )

2단계 **활용** ~~~~~~

07 다음 **보기**의 낱말 중 두 개를 골라서 짧은 문장을 만들어 쓰세요.

보기

빛   굴절   반사   직진

(1) **낱말** ✎ --

문장 ✎ --

(2) **낱말** ✎ --

문장 ✎ --

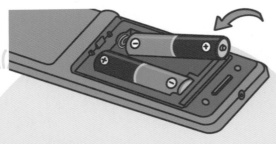

리모컨에는 보통 2개의 건전지를 넣어요. 이때 건전지의 (+)극과 (−)극이 맞물리도록 **직렬**로 연결해야 해요.

직 렬

실수로 리모컨에 같은 극끼리 맞물리도록 **병렬**로 건전지를 넣으면, 전류가 제대로 흐르지 않아서 리모컨이 작동되지 않아요.

병 렬

전 류

리모컨은 멀리서 기계를 작동시킬 수 있게 하는 장치예요. 리모컨에 건전지를 넣으면 **전류**가 흐르고 리모컨이 작동해요.

도 체

리모컨에 건전지를 넣는 부분은 한쪽이 튀어나와 있고, 다른 한쪽은 용수철 모양이에요. 둘 다 전기가 흐르는 **도체**로 되어 있어요.

부 도 체

리모컨의 겉 부분은 전기가 통하지 않는 **부도체**로 되어 있어요. 그래서 건전지의 전기가 우리 몸으로 들어올 수 없어요.

다음 글을 읽으며, 빈칸에 들어갈 낱말을 낱말밭에서 찾아 써 보세요.

전기 회로는 전기 부품들을 서로 연결하여 전기가 흐르도록 만든 통로이다. 전기 회로가 있는 모든 전기 기구에는 전지처럼 전기를 공급하는 장치가 필요하다.

텔레비전 리모컨이나 디지털 잠금장치는 두 개 이상의 전지를 사용하는 전기 기구이다. 이때 전지들을 연결하는 방식으로, 서로 다른 극끼리 연결하는 (1) [ㅈ ㄹ] 와/과 같은 극끼리 연결하는 (2) [ㅂ ㄹ] 이/가 있다. 두 개 이상의 전지를 사용해 전구에 빛이 들어오게 하는 전기 회로에서 전지를 직렬로 연결하면 병렬로 연결한 것보다 전구의 빛이 더 밝다. 이는 직렬 방식의 전기 회로에 흐르는 (3) [ㅈ ㄹ] 이/가 더 크다는 것을 뜻한다. 같은 전기 회로에서 전지를 병렬로 연결하면, 전구의 빛은 전지 하나를 연결한 것과 비슷하지만 전지를 더 오래 사용할 수 있다.

한편, 모든 물질은 전기가 잘 통하는지에 따라 두 가지로 나눌 수 있다. 철, 구리, 알루미늄, 물 등과 같이 전기가 잘 통하는 물질을 (4) [ㄷ ㅊ] (이)라 한다. 반면에 나무, 고무, 유리, 플라스틱 등과 같이 전기가 잘 통하지 않는 물질을 (5) [ㅂ ㄷ ㅊ] (이)라 한다. 일반적인 전기 기구에는 도체와 부도체가 모두 사용된다.

낱말밭 사전

확인 ✓

* **전류** 전기 회로에서 흐르는 전기. ☐

* **직렬** 전기 회로에서 전지 등의 극을 다른 극끼리 일렬로 연결하는 일. ☐

* **병렬** 전기 회로에서 전지 등의 극을 같은 극끼리 나란히 연결하는 일. ☐

* **도체** 열 또는 전기가 잘 통하는 물질. ☐

* **부도체** 열 또는 전기가 거의 통하지 않는 물질. ☐

01 다음 뜻을 가진 낱말을 보기 에서 찾아 쓰세요.

> **보기**
>
> 전류   직렬

(1) 전기 회로에서 흐르는 전기. (   )

(2) 전기 회로에서 전지 등의 극을 다른 극끼리 일렬로 연결하는 일. (   )

02 다음 밑줄 친 낱말의 뜻으로 알맞은 것을 찾아 ○표 하세요.

> 전지의 (+)극과 (−)극을 도체로 연결하면 전기가 흐른다.

① 열 또는 전기가 잘 통하는 물질. (   )

② 열 또는 전기가 거의 통하지 않는 물질. (   )

03 다음 문장에 어울리는 낱말을 찾아 ○표 하세요.

(1) 두 전지가 같은 극끼리 (병렬 , 직렬)로 연결되면 전압은 같다.

(2) 전선의 (도체 , 부도체) 부분은 구리나 알루미늄으로 만들어진다.

(3) 콘센트에는 항상 (빛 , 전류)이/가 흐르기 때문에 감전에 주의해야 한다.

04 다음 밑줄 친 부분과 바꾸어 쓸 수 있는 낱말로 알맞은 것은 무엇인가요? (   )

> 전기는 물질 속에 있는 전자라는 아주 작은 알갱이가 이동하는 것을 말한다. 그리고 이런 전기가 흐르는 것을 전류라 한다. 그런데 물질 중에는 고무나 플라스틱 등과 같이 물질 속을 이동할 수 있는 전자가 아주 적게 들어 있어서 전류가 흐르기 어려운 물질이 있다. 이러한 물질은 가전제품을 만들 때 전기가 통하지 않도록 하여 사람을 보호하는 역할을 한다.

① 굴절   ② 반사   ③ 도체   ④ 직렬   ⑤ 부도체

05 다음 ㉠과 ㉡에 들어갈 알맞은 낱말을 바르게 짝 지은 것은 무엇인가요? (　　　　)

> 　디지털 기기의 부품으로 사용되는 반도체는 철이나 구리 같은 [　㉠　]처럼 항상 전기가 통하는 것도 아니고, 고무나 플라스틱 같은 [　㉡　]처럼 전기가 전혀 통하지 않는 것도 아닌 물질이다. 반도체는 [　㉠　]와 [　㉡　]의 중간 정도의 성질을 지닌다. 반도체는 특정 조건에 따라 전기가 통하는 정도가 달라지는데, 낮은 온도에서는 전기가 거의 통하지 않지만 높은 온도에서는 전기가 잘 통한다.

① ㉠: 도체 – ㉡: 직렬　　　② ㉠: 도체 – ㉡: 부도체　　　③ ㉠: 병렬 – ㉡: 직렬

④ ㉠: 직렬 – ㉡: 병렬　　　⑤ ㉠: 직렬 – ㉡: 부도체

06 다음 빈칸에 들어갈 낱말로 알맞은 것은 무엇인가요? (　　　　)

> 　전선을 물이 흐르는 파이프로, 전지를 일정한 양의 물이 담긴 물통으로, 전류를 파이프 속을 흐르는 물로 생각해 보자. 여러 개의 물통을 하나의 파이프로 곧게 연결하면, 이는 전지 회로에서 전지들이 서로 다른 극끼리 일렬로 연결된 [　　　] 연결 방식과 같다. 이때 모든 물통 속의 물이 동시에 흐르면, 파이프에 많은 물이 한꺼번에 들어가 세차게 흐르게 된다. 이는 전지 한 개를 사용했을 때보다 더 많은 전류가 흐르는 것과 같은 현상이다.

① 반사　　　② 병렬　　　③ 전류　　　④ 직렬　　　⑤ 직진

활용

07 다음 보기의 내용을 참고하여, 조건에 맞는 문장을 만들어 쓰세요.

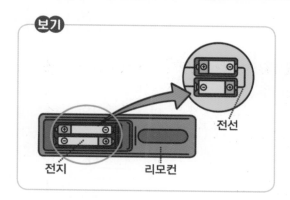

보기

전선
전지　　리모컨

조건
1. 왼쪽에 제시된 리모컨의 전지 연결 방식을 설명할 것.
2. '전류', '직렬'이라는 두 낱말을 사용할 것.

물질은 어떤 성질을 가지고 있을까?

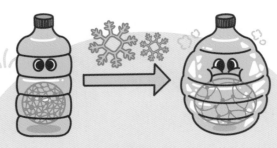

물이 얼어서 얼음이 되면 부피가 커져요. 이는 액체 상태인 물이 고체 상태인 얼음으로 변할 때, **밀도**가 낮아지기 때문이에요.

밀 도

물의 **끓는점**은 섭씨 100도예요. 물은 0도에서 100도 사이는 액체 상태이고, 100도보다 높은 온도에서는 기체로 변해요.

끓 는 점

물 질

물은 지구에서 생명체가 살아가는 데 꼭 필요한 **물질** 중 하나예요. 물은 여러 가지 특성을 가지고 있어요.

녹 는 점

물의 **녹는점**은 섭씨 0도예요. 물은 0도보다 낮은 온도에서는 고체인 얼음 상태이고, 0도보다 높은 온도에서는 액체나 기체예요.

용 해 도

물은 다른 물질을 잘 녹여요. 예를 들어, 물에 설탕을 넣었을 때 얼마나 잘 녹는지 확인하면 설탕의 **용해도**를 알 수 있어요.

설탕   설탕물

다음 글을 읽으며, 빈칸에 들어갈 낱말을 낱말밭에서 찾아 써 보세요.

　　우리가 사는 세계는 다양한 ⁽¹⁾[ㅁ][ㅈ](으)로 구성되어 있다. 모든 물질은 각각의 고유한 특성을 지니고 있어 서로 구별된다.

　　우선, 모든 물질은 ⁽²⁾[ㅁ][ㄷ]이/가 다르다. 밀도란 일정한 부피 안에 들어 있는 물질의 고유한 양을 말한다. 밀도가 다른 두 물질을 섞으면, 밀도가 큰 물질은 아래로 가라앉고, 밀도가 작은 물질은 위로 뜬다.

　　액체 물질에 열을 가하면 온도가 높아지다가 일정한 온도에 이르면 끓기 시작한다. 이때의 온도를 ⁽³⁾[ㄲ][ㄴ][ㅈ](이)라고 한다. 고체 물질에 열을 가하면 온도가 높아지다가 일정한 온도에 이르면 고체가 녹아 액체 상태로 변하는데, 이 온도를 ⁽⁴⁾[ㄴ][ㄴ][ㅈ](이)라고 한다. 반대로, 액체 물질을 차갑게 하면 온도가 낮아지다가 일정한 온도에 이르면 액체가 얼어 고체 상태가 되며, 이 온도를 어는점이라고 한다.

　　한편, 다른 물질에 녹는 물질을 용질, 그 용질을 녹이는 물질을 용매라고 한다. 일정한 온도에서 용매 100g에 최대한 녹일 수 있는 용질의 양을 ⁽⁵⁾[ㅇ][ㅎ][ㄷ](이)라고 하며, 용해도는 물질마다 달라서 물질의 고유한 특성이 된다.

낱말밭 사전

확인 ☑

* **물질**　물체를 이루고 있는 재료로, 부피와 무게가 있는 모든 것. ☐

* **밀도**　어떤 물질의 단위 부피만큼의 고유한 양. ☐

* **끓는점**　액체 물질이 끓기 시작하는 온도. ☐

* **녹는점**　고체가 녹아서 액체 상태로 바뀌기 시작하는 온도. ☐

* **용해도**　일정한 조건의 액체 속에서 어떤 물질이 녹는 최대의 양. ☐

01 다음 낱말의 뜻으로 알맞은 것을 보기에서 찾아 기호를 쓰세요.

> **보기**
> ㉠ 액체 물질이 끓기 시작하는 온도.
> ㉡ 어떤 물질의 단위 부피만큼의 고유한 양.
> ㉢ 고체가 녹아서 액체 상태로 바뀌기 시작하는 온도.

(1) 밀도 (   )   (2) 녹는점 (   )   (3) 끓는점 (   )

02 다음 문장의 빈칸에 들어갈 낱말을 찾아 선으로 이으세요.

(1) 공기와 같이 눈에 보이지 않는 [   ]도 부피를
지닌다.   • ㉠ 물질

(2) [   ]은/는 물질이 액체에 녹는 최대의 양을
의미한다.   • ㉡ 용해도

(3) [   ]이/가 낮은 물질은 열을 조금만 받아도
액체 상태에서 기체 상태로 변한다.   • ㉢ 끓는점

03 다음 문장 중 밑줄 친 낱말이 바르게 사용된 것을 찾아 ○표 하세요.

① 물체의 밀도가 높을수록 더 무겁게 느껴질 수 있다. (   )

② 끓는점이 낮은 물질은 상온에서도 쉽게 녹을 수 있다. (   )

04 다음 빈칸에 공통으로 들어갈 낱말로 알맞은 것은 무엇인가요? (   )

> 일정한 압력에서 순수한 물질의 [   ]은/는 물질의 양이나 불꽃의 세기와 관계없이 항상 일정하다. 즉, 순수한 물질이 [   ]에 이르면 열을 계속 가해도 온도가 더 이상 높아지지 않으면서 액체 상태의 물질이 기체 상태로 바뀔 뿐이다. 단, 같은 세기의 불꽃으로 가열할 때 액체의 양이 많을수록 [   ]에 도달하는 시간이 더 오래 걸린다.

① 굴절   ② 밀도   ③ 흔적   ④ 녹는점   ⑤ 끓는점

05 다음 ㉠과 ㉡에 들어갈 알맞은 낱말을 보기에서 찾아 쓰세요.

> 보기
>
> 물질   밀도   끓는점

> ┌─㉠─┐은/는 ┌─㉡─┐의 특성을 이해하는 데 중요한 개념이다. ┌─㉠─┐이/가 높으면 물체가 더 무겁고, 낮으면 더 가볍다. 예를 들어, 기름은 물보다 ┌─㉠─┐이/가 낮은 ┌─㉡─┐(이)라서 물 위에 떠오른다. 이 현상은 기름이 물과 섞이지 않는 것을 보여 준다.

(1) ㉠: (   )   (2) ㉡: (   )

06 다음 빈칸에 들어갈 낱말로 알맞은 것은 무엇인가요? (   )

> 설탕이 들어간 음료를 만들 때는 설탕이 물에 얼마나 잘 녹는지가 중요하다. 따뜻한 물에 설탕을 넣으면 설탕이 잘 녹아서 음료의 맛이 고르게 좋아진다. 반면에 차가운 물에서는 설탕의 ┌────┐이/가 낮아 설탕이 잘 녹지 않아서 음료의 맛이 균일하지 않을 수 있다. 이러한 원리를 이해하면 음료를 더욱 맛있게 만들 수 있다.

① 도체   ② 물질   ③ 녹는점   ④ 부도체   ⑤ 용해도

2단계 **활용**

07 다음 보기와 같이 주어진 낱말을 넣어 짧은 문장을 만들어 쓰세요.

> 보기
>
> [용해도]
>
> ✎ 용해도가 높으면, 같은 온도에서 더 많은 양의 물질이 녹을 수 있다.

(1) [물질]

✎ --

(2) [녹는점]

✎ --

집에서 식용유를 사용하여 여러 번 튀김 요리를 하면 폐식용유가 만들어져요. 폐식용유는 시간이 지나면 산도가 높아질 수 있어요.

산 도

폐식용유는 산성을 띠어요. 이런 폐식용유는 환경에 해로운 물질이 되어 오염을 일으킬 수 있기 때문에 올바르게 처리해야 해요.

산 성

용 액

우리는 집에서 폐식용유와 수산화 나트륨을 섞은 용액을 사용해서 비누를 만들 수 있어요.

염 기 성

폐식용유 안에 있는 지방산과 수산화 나트륨이 만나면 용액이 걸쭉해져요. 이를 굳히면 염기성을 지닌 비누가 만들어져요.

지 시 약

리트머스 종이는 산성과 염기성에 따라 색이 변하는 지시약이에요. 이 지시약을 사용하면 비누가 염기성인지 알 수 있어요.

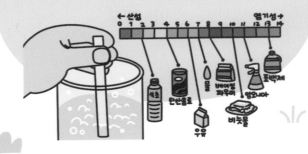

다음 글을 읽으며, 빈칸에 들어갈 낱말을 낱말밭에서 찾아 써 보세요.

설탕물은 물에 설탕을 녹여 만든 물질이다. 이처럼 두 가지 이상의 물질이 고루 섞여 만들어진 액체를 (1) ⬚⬚(이)라고 한다.

용액들은 산성도에 따라 크게 (2) ⬚⬚와/과 (3) ⬚⬚⬚(으)로 나뉜다. 이때 기준이 되는 수치는 'pH'이며, 0에서 14까지의 범위로 나타낼 수 있다. 수치가 낮을수록 (4) ⬚⬚이/가 높으며, 용액의 pH가 7보다 작으면 산성으로 분류된다. 산성 용액은 시큼한 맛이 나고, 달걀 껍데기나 대리석 같은 탄산칼슘을 녹인다. 식초, 레몬즙, 탄산음료 등이 대표적이다. 반면에, 용액의 pH가 7보다 크면 염기성이라고 한다. 염기성 용액은 쓴맛이 나고, 삶은 달걀의 흰자나 두부 같은 단백질을 녹인다. 세정제, 석회수, 비눗물 등이 대표적이다.

어떤 용액이 산성인지 염기성인지는 (5) ⬚⬚⬚을/를 사용하여 판별할 수 있다. 리트머스 종이를 지시약으로 사용하여 용액에 담갔을 때, 종이가 붉게 변하면 산성이고, 푸르게 변하면 염기성이다. 한편, 산성 용액과 염기성 용액을 같은 비율로 섞으면 서로의 성질이 사라지면서 약 pH 7 정도의 중성 용액이 된다.

낱말밭 사전

확인 ☑

* **용액** 두 가지 이상의 물질이 녹아서 고루 섞인 액체. ☐

* **산도** 산성의 세기를 나타내는 정도. ☐

* **산성** 물에 녹으면 신맛을 내고, 용액의 피에이치(pH)가 7보다 작은 성질. ☐

* **염기성** 산성의 작용을 중화하고, 용액의 피에이치(pH)가 7보다 큰 성질. ☐

* **지시약** 접촉한 용액의 성질에 따라 눈에 띄는 변화를 일으키는 물질. ☐

01 다음 뜻을 가진 낱말로 알맞은 것을 찾아 선으로 이으세요.

(1) 산성의 세기를 나타내는 정도. •

• ㉠ 산도

(2) 두 가지 이상의 물질이 녹아서 고루 섞인 액체. •

• ㉡ 용액

(3) 접촉한 용액의 성질에 따라 눈에 띄는 변화를 일으 키는 물질. •

• ㉢ 지시약

02 다음 빈칸에 들어갈 낱말을 보기에 있는 글자 카드로 만들어 쓰세요.

보기

| 시 | 기 | 약 | 염 | 성 | 지 |

(1) 비누는 pH가 7보다 큰 ( ) 물질이다.

(2) ( )의 색 변화를 통해 용액의 성질을 눈으로 확인할 수 있다.

03 다음 문장에 어울리는 낱말을 찾아 ○표 하세요.

(1) 소금과 물이 잘 섞이면 투명한 (용액 , 지시약)이 된다.

(2) 레몬은 강한 (산성 , 염기성)을 띠고 있어 먹으면 입안이 시큼해진다.

(3) 대도시에 내리는 산성비의 (밀도 , 산도)는 보통 pH 4에서 5 사이이다.

04 다음 밑줄 친 부분과 바꿔 쓸 수 있는 낱말로 알맞은 것은 무엇인가요? ( )

일반적인 우동이나 국수의 면을 만들 때는 밀가루에 물과 소금이 첨가된다. 이와 달리 라면에는 보통 pH가 7보다 큰 성질을 띠는 간수가 들어가는데, 이 간수는 열을 가하면 색이 노랗게 변한다. 그래서 인스턴트 라면이 대부분 노란 빛을 띠는 것이다. 만약에 이 간수에 붉은색 리트머스 종이를 넣으면 푸른색으로 변할 것이다.

① 도체　　　② 산성　　　③ 용액　　　④ 염기성　　　⑤ 부도체

05 다음 빈칸에 공통으로 들어갈 낱말로 알맞은 것은 무엇인가요? (   )

> _____의 이름은 일반적으로 녹는 물질의 이름을 앞에 두고, 녹이는 물질의 이름을 뒤에 붙여 부른다. 따라서 _____의 성분을 이름만으로도 쉽게 알 수 있다. 예를 들어, '설탕물'은 설탕이 물에 녹아 고루 섞인 상태를 의미하며, 이를 통해 _____의 성분을 간단히 알 수 있다.

① 물질   ② 밀도   ③ 산도   ④ 용액   ⑤ 지시약

06 다음 빈칸에 들어갈 알맞은 낱말을 [보기]에서 찾아 쓰세요.

> **보기**
>
> 산성   용액   지시약

> 학생: 선생님, 음식점에서 생선회를 시키면 왜 레몬 조각을 함께 주는 건가요?
> 선생님: 그건 비린내를 없애기 위해서예요. 생선의 신선도가 떨어지면 생선 몸 안에 있는 특정 화학 물질이 비린내를 유발하는 물질로 변해요. 이 물질은 염기성이예요. 레몬즙은 산도가 높은 _____이므로 비린내를 유발하는 염기성 물질과 결합하면서 중성으로 바뀌어요. 그래서 비린내를 줄이는 데 도움을 줘요.
> 학생: 네, 이제 레몬 조각을 주는 이유를 알겠어요.

(   )

2단계 **활용** 〰〰〰〰〰〰〰〰〰〰〰〰〰〰〰〰〰〰〰〰〰

07 다음 [보기]의 낱말 중 두 개를 골라서 짧은 문장을 만들어 쓰세요.

> **보기**
>
> 산도   산성   용액   염기성

(1) **낱말** ✎ _____

문장 ✎ _____

(2) **낱말** ✎ _____

문장 ✎ _____

01 다음 빈칸에 들어갈 낱말을 보기 에서 찾아 쓰세요.

> **보기**
>
> 반사   부도체   용해도

(1) 무지개는 햇빛이 빗방울에 (   )되어 만들어진다.

(2) 고무는 전기가 거의 통하지 않아 (   )로 사용된다.

(3) 특정 약물은 (   )가 낮아서 몸에 흡수되기 어려울 수 있다.

02 다음 문장에 어울리는 낱말을 찾아 ○표 하세요.

(1) (산성 , 염기성) 비료는 토양의 pH를 낮추는 데 도움을 준다.

(2) 금속은 (끓는점 , 녹는점)이 높아서 고온에서도 견딜 수 있다.

(3) 해와 별뿐만 아니라 손전등, 촛불, 라이터 등도 (광원 , 반사)이다.

03 다음 빈칸에 들어갈 낱말을 보기 에 있는 글자 카드로 만들어 쓰세요.

> **보기**
>
> 굴   액   진   절   용   직

(1) 빛이 (   )되면 물체가 본래의 모습과 다르게 보인다.

(2) 탄산음료는 물에 이산화 탄소와 설탕 등을 녹인 (   )이다.

(3) 햇빛이 건물을 향해 곧게 (   )하면서 도로에 건물의 그림자가 드리워졌다.

04 다음 빈칸에 들어갈 낱말로 알맞은 것은 무엇인가요? (   )

> 일반 담배에 들어 있는 니코틴은 중독성이 매우 강한 독성 [   ](이)다. 이 때문에 흡연으로 죽는 한국인은 매년 약 5만 8천 명에 이른다. 심지어 간접흡연에서 비롯된 질병으로도 많은 사람이 죽고 있다. 흡연은 폐암, 심장병 등의 주요 원인이며, 이로 인한 의료비, 화재 및 환경 정화 비용 등 사회적 비용도 매년 약 12조 원이 든다.

① 광원   ② 도체   ③ 물질   ④ 전류   ⑤ 용액

정답 및 해설 **33**쪽

05 다음 빈칸에 공통으로 들어갈 낱말로 알맞은 것은 무엇인가요? (   )

> 마네와 모네, 고흐 등으로 대표되는 인상파 화가들은 [   ]을/를 주요 주제로 삼았다. 이들은 [   ]이/가 비치는 정도와 대기의 상태에 따라 동일한 대상도 색과 인상이 달라진다는 사실에 주목하고 이를 그림으로 표현했다. 그래서 인상파 화가들은 어두운 작업실 대신 밝은 야외로 나가 햇빛 아래에서 일상적인 풍경을 그렸다.

① 빛   ② 굴절   ③ 용액   ④ 전기   ⑤ 전류

06 다음 밑줄 친 낱말과 뜻이 반대되는 낱말로 알맞은 것은 무엇인가요? (   )

> 사과를 깎아서 공기 중에 두면 표면이 갈색으로 변하는 갈변 현상이 일어난다. 갈변 현상은 사과의 폴리페놀 성분과 관련이 있다. 이 성분은 pH 5.5~7의 약한 <u>산성</u>의 환경에서 가장 활성화된다. 따라서 산도가 높은 레몬즙이나 식초를 조금 뿌려 사과의 산도를 pH 5.5 이하로 낮추면 갈변 현상을 줄일 수 있다.

① 반사   ② 산도   ③ 전류   ④ 염기성   ⑤ 지시약

07 다음 ㉠과 ㉡에 들어갈 알맞은 낱말을 바르게 짝 지은 것은 무엇인가요? (   )

> 전기 회로에서 [㉠](으)로 연결된 전구는 일렬로 연결되어 있어서 하나가 꺼지면 나머지 전구들도 모두 꺼진다. 반면에 전기 회로에서 전구가 [㉡](으)로 연결되어 있으면, 하나의 전구가 꺼져도 나머지 전구는 계속 켜져 있다.

① ㉠: 병렬 – ㉡: 용액   ② ㉠: 병렬 – ㉡: 직렬   ③ ㉠: 전류 – ㉡: 직렬
④ ㉠: 직렬 – ㉡: 전류   ⑤ ㉠: 직렬 – ㉡: 병렬

08 다음 ㉠이 가리키는 낱말로 알맞은 것은 무엇인가요? (   )

> 사람들이 힘들게 입으로 풍선에 바람을 불어 넣어도 풍선이 저절로 뜨지 않는다. 풍선이 공중에 뜨려면 풍선 안에 든 기체가 공기보다 가벼워야 하기 때문이다. 입에서 나온 바람은 공기와 비슷한 ㉠'이것'을 가지고 있어 풍선이 뜨지 않는 것이다. 반면에 놀이공원에서 파는 풍선에는 공기보다 가벼운 헬륨 가스가 들어 있어 저절로 뜨는 것이다.

① 밀도   ② 산성   ③ 녹는점   ④ 용해도   ⑤ 끓는점

[09~11] 다음 글을 읽고, 물음에 답하세요.

인덕션 레인지의 구조와 작동 원리

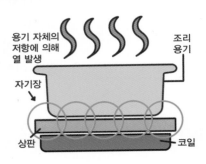

인덕션 레인지는 열효율이 매우 높아서 가스레인지 등 다른 조리 기기에 비해 물의 온도를 [㉠] 까지 가장 빨리 올릴 수 있다. 또한, 불을 사용하지 않아 화상이나 화재의 위험이 적다.

인덕션 레인지는 코일과 온도 감지기 등의 내부 장치와 프라이팬이나 냄비 등을 올려놓을 수 있는 상판으로 구성된다. 인덕션 내부의 핵심 장치는 촘촘한 코일이다. 이 코일에 전류가 흐르면, 코일 주변에 수시로 방향이 변하는 자기장이 만들어진다. 코일은 구리 같은 도체로 된 쇠붙이 줄을 나사 모양이나 원기둥 모양으로 여러 번 감아 만든 것이고, 자기장은 자석과 같은 성질이 미치는 공간이다.

코일에 형성된 자기장 위에 ㉮전기가 잘 흐르는 물질로 된 조리 용기를 올리면, 이 용기 내부에 소용돌이 형태의 전류가 생성된다. 이 전류가 조리 용기의 금속 성분과 충돌하면서 열을 만들어 상판의 프라이팬이나 냄비가 가열된다.

인덕션 레인지의 상판은 열에 강하고 전기가 흐르지 않는 재료로 만들어지는데, 일반적으로 강화 세라믹을 사용한다. 따라서 일반 세제가 아닌 인덕션 레인지 전용 세제를 사용하는 것이 좋다. 이 전용 세제는 상판의 재료를 보호할 수 있는 여러 물질을 섞어 놓은 액체 상태의 [㉡] 이다.

09 ㉮와 바꾸어 쓸 수 있는 낱말을 윗글에서 찾아 두 글자로 쓰세요.

( )

10 ㉠과 ㉡에 들어갈 알맞은 낱말을 바르게 짝 지은 것은 무엇인가요? ( )

① ㉠: 녹는점 – ㉡: 용액   ② ㉠: 녹는점 – ㉡: 전류   ③ ㉠: 용해도 – ㉡: 용액

④ ㉠: 끓는점 – ㉡: 용액   ⑤ ㉠: 끓는점 – ㉡: 지시약

11 다음 빈칸에 들어갈 낱말을 윗글에서 찾아 두 글자로 쓰세요.

인덕션 레인지는 [ ]의 특성을 활용하여 열을 발생시키는 조리 기기이다. 따라서 전기가 통하면서 철 성분을 지닌 조리 용기를 사용해야 한다.

( )

🌼 디지털 속 한 문장 ✏️

정답 및 해설 **33**쪽

다음 신문 기사를 읽고, 산성이라는 낱말을 넣어 ㉠에 들어갈 답글을 써 보세요.

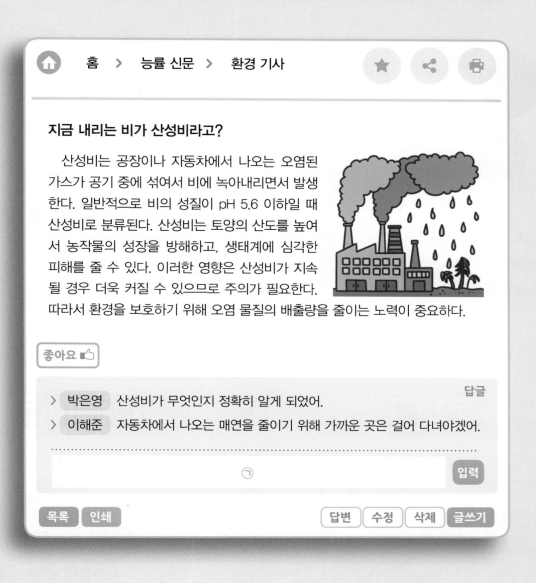

🏠 　홈　 > 　능률 신문　 > 　환경 기사

지금 내리는 비가 산성비라고?

산성비는 공장이나 자동차에서 나오는 오염된 가스가 공기 중에 섞여서 비에 녹아내리면서 발생한다. 일반적으로 비의 성질이 pH 5.6 이하일 때 산성비로 분류된다. 산성비는 토양의 산도를 높여서 농작물의 성장을 방해하고, 생태계에 심각한 피해를 줄 수 있다. 이러한 영향은 산성비가 지속될 경우 더욱 커질 수 있으므로 주의가 필요하다. 따라서 환경을 보호하기 위해 오염 물질의 배출량을 줄이는 노력이 중요하다.

좋아요 👍

> 박은영　산성비가 무엇인지 정확히 알게 되었어.

> 이해준　자동차에서 나오는 매연을 줄이기 위해 가까운 곳은 걸어 다녀야겠어.

답글

　　　　　　　　　　㉠　　　　　　　　　　　　입력

목록　인쇄　　　　　　　　　　답변　수정　삭제　글쓰기

수학 필수 어휘

입 체 도 형

뜻 길이, 너비, 높이를 가지고 일정한 공간에서 부피를 차지하는 도형.

예 우리 주변에는 <u>입체도형</u>이 많다.

각 기 둥

뜻 위아래 면이 서로 평행하고 합동인 다각형으로 이루어진 입체도형.

예 <u>각기둥</u>의 이름은 밑면의 모양에 따라 삼각기둥, 사각기둥, 오각기둥이라고 부른다.

각 뿔

뜻 밑면은 다각형이고, 옆면이 삼각형인 뿔 모양의 입체도형.

예 이집트의 피라미드는 사<u>각뿔</u> 모양이다.

원 기 둥

뜻 위아래 면이 서로 평행이고 합동인 원으로 되어 있는 기둥 모양의 입체도형.

예 통조림과 음료수 캔은 <u>원기둥</u> 모양이다.

구

뜻 한 직선을 중심으로 반원을 돌려서 만들 수 있는 입체도형.

예 구는 어느 방향에서 바라보아도 둥글게 보인다.

원 뿔

뜻 밑면이 원이고 옆면이 굽은 면인 뿔 모양의 입체도형.

예 언니가 쓰고 있는 고깔은 원뿔 모양이다.

원 주

뜻 원의 둘레의 길이.

예 대관람차는 원 모양이기 때문에, 원주의 길이를 알면 한 바퀴 돌 때의 거리를 알 수 있다.

원 주 율

뜻 원의 지름의 길이에 대한 원주의 비율.

예 원주율을 계산하면 3.1415926535⋯와 같이 끝없는 소수로 나타낼 수 있다.

퍼 센 트

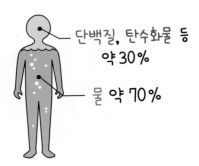

단백질, 탄수화물 등
약 30%

물 약 70%

- 뜻 백분율을 나타내는 단위. 기호는 %.
- 예 몸은 약 70퍼센트가 물로 이루어져 있다.

1 세 제 곱 미 터

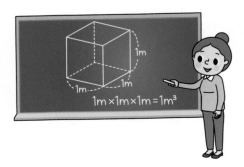

1m×1m×1m=1m³

- 뜻 부피의 단위로, 1세제곱미터는 각각 1미터 인 정육면체의 부피이다.
- 예 1세제곱미터는 m³라는 기호를 사용한다.

겉 넓 이

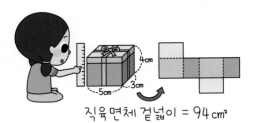

직육면체 겉넓이 = 94 cm²

- 뜻 물체 겉면의 넓이.
- 예 겉넓이는 입체도형을 이루고 있는 모든 면 의 넓이의 합을 말한다.

부 피

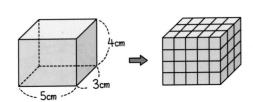

직육면체의 부피 = (5×3)×4=60m³

- 뜻 입체도형이 차지하는 공간의 크기.
- 예 직육면체의 부피는 '한 밑면의 넓이 × 높 이'로 구할 수 있다.

비

뜻 어떤 두 개의 수 또는 양을 서로 비교하여 나타내기 위해 $a : b$의 형태로 표시한 것.

예 물고기 3마리 오징어 2마리가 있을 때, 물고기 수에 대한 오징어 수의 비는 3 : 2라고 쓴다.

비례식

뜻 두 개의 비가 같음을 $a : b = c : d$로 나타내는 식.

예 1 : 2 = 2 : 6과 같은 식이 비례식이다.

비례배분

뜻 어떤 수량을 주어진 비와 같아지도록 나누는 일.

예 딸기 5개를 누나와 동생이 3 : 2로 비례 배분하면 누나는 3개, 동생은 2개를 먹을 수 있다.

비율

뜻 일정한 수나 양에 대한 비교하는 수나 양의 크기.

예 빨간색 물감과 파란색 물감을 1 : 1 비율로 섞으면 보라색이 된다.

백분율

뜻 전체 수량을 100으로 하여 그것에 대해 가지는 비율.

예 백분율은 실생활에서 할인율, 시청률, 판매율 등에 사용되고 있다.

소수

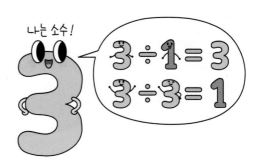

나는 소수!

$3 \div 1 = 3$
$3 \div 3 = 1$

뜻 1과 그 수 자신 이외의 자연수로는 나눌 수 없는 자연수.

예 소수에는 2, 3, 5, 7, 11 등이 있다.

좌표

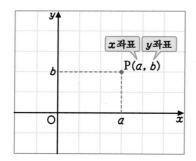

뜻 평면이나 공간 안의 임의의 점의 위치를 나타내는 수나 수의 짝.

예 점 P의 x 좌표가 a이고 y 좌표가 b일 때, P(a, b)로 나타낸다.

원점

음의 정수 ← 원점 → 양의 정수(자연수)

-3 -2 -1 0 1 2 3

뜻 좌표를 정할 때 기준이 되는 점.

예 직선 위에 0을 나타내는 원점을 기준으로, 양의 정수와 음의 정수를 나타낸다.

띠그래프

〈 우리 반 친구들이 좋아하는 음식 〉

0 10 20 30 40 50 60 70 80 90 100(%)

피자 20%	치킨 30%	떡볶이 35%	김밥 15%

뜻 전체에 대한 각 부분의 비율을 일정한 길이의 띠 모양의 직사각형에 나타낸 그래프.

예 띠그래프는 전체에 대한 각 부분의 비율을 알아보기 편리하다.

원그래프

〈 우리 반 친구들이 좋아하는 계절 〉

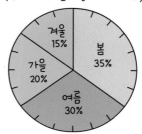

뜻 전체에 대한 각 부분의 비율을 원 모양으로 나타낸 그래프.

예 원그래프에서는 각 항목이 차지하는 비율을 한눈에 알 수 있다.

작도

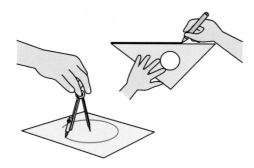

뜻 자와 컴퍼스만을 써서 주어진 조건에 알맞은 선이나 도형을 그림.

예 수학 시간에 선생님이 원의 작도 방법을 설명했다.

부채꼴

뜻 원의 두 개의 반지름과 그 사이에 있는 호로 둘러싸인 도형.

예 피자는 부채꼴 모양이다.

📷 사진 출처

셔터스톡　www.shutterstock.com/ko

도움을 준 학생들

다음은 '초등 어휘 이해도 진단' 이벤트에 참여한 학생들 이름입니다.

여러분의 참여가 저희 책에 중요한 밑거름이 되었습니다. 진심으로 감사드립니다.

혹시 이름이 빠지거나 잘못 기재된 분들은 NE능률(1833-8368)로 연락해 주시기를 바랍니다.

강서연	강승비	강채은	권다은	권단우	권보미	권소미	권주영	김경서	김고은
김도건	김동현	김민채	김서연	김세희	김소현	김수민	김수현	김시우	김시윤
김시현	김온유	김용하	김주연	김지언	김지용	김지우	김지율	김찬유	김태은
김학수	김한결	김한별	김호진	김효준	김수현	나서진	나윤하	남궁솔	남궁율
노현주	류시우	박서린	박예람	박예준	박은빈	박은서	박진기	박진모	방다윤
방서현	배재협	서하람	서해든	송예원	송재율	송지은	신민규	신아성	심새본
안우석	안효근	양건준	양승혁	양시온	양한결	양현수	염준호	염채나	오승택
오연택	유강우	유상우	유지현	윤민석	윤민하	윤지후	이가연	이다빈	이다연
이다온	이도현	이서범	이서현	이선	이승우	이예찬	이유진	이유찬	이윤슬
이은우	이준	이지율	이창우	이채원	이태선	임현준	장성근	전지우	정다율
정한결	조유림	조유빈	조유이	조유환	조찬영	조하율	차시후	천소윤	최다연
최도윤	최윤서	최은서	최효서	최효주	한제인	허훈민	현승민	현정민	현진
홍지효	홍현승								

달달 읽고 곰곰 생각하는

달곰한 시리즈

어휘 강화!
교과 학습
기본기 강화

독해 강화!
분석력, 통합력,
사고력 강화

달곰한 문해력
기본서

초등교사 100인 추천!
'3회독 학습법'으로
문해력 기본기를 다져요.

달곰한 문해력
초등 어휘

'낱말밭 어휘 학습'으로
각 학년 필수 교과 어휘를
완성해요.

학습의
순환 구조에 따른
어휘력, 독해력
상호 강화!

달곰한 문해력
초등 독해

초등 최초! '주제 연결 독해법' 도입!
하나의 주제로 연결된
2개의 글을 읽어요.

달달 읽고 곰곰 생각하는

공부한 날짜 월 일

국어 주제 05~08 날말샐 주간학습

정답 및 해설 13쪽

01 다음 문장의 빈칸에 들어갈 낱말을 찾아 선으로 이으세요.

(1) 그들의 주장은 [ ]이/가 부족해서 설득력이 약했다. ─ ㉠ 과장

(2) 소문은 퍼지는 과정에서 살이 덧붙어 [ ]되기 마련이다. ─ ㉡ 논리

(3) 그 운동선수는 기자와의 [ ]에서 자신의 훈련 계획을 공개했다. ─ ㉢ 면담

02 다음 밑줄 친 부분과 뜻이 비슷한 낱말을 보기에서 찾아 쓰세요.

보기
전개   타협

(1) 싸우지 않고 서로가 조금씩 양보하여 협의하면 문제를 해결할 수 있다. (타협)

(2) 이 영화는 내용을 펼쳐 나가는 과정이 너무 어색해서 집중하기 어렵다. (전개)

해설
'미인'이라는 낱말이 옛날에는 남녀 모두에게 사용되었는데 오늘날에는 여자에게만 사용하는 말로 바뀌었다고 설명하고 있으므로, 빈칸에는 '모양이나 규모 등을 줄여서 작게 함.'이라는 뜻의 '⑤ 축소'가 들어가야 합니다.

03 다음 문장에 어울리는 낱말을 찾아 ○표 하세요.

(1) 민서의 주장은 (논리 / 분류)가 부족해서 이해하기 어렵다.

(2) 몇 년 만에 만난 두 친구의 (대화 / 응답)이/가 밤새 계속 이어졌다.

(3) 햇빛에 새까맣게 탄 얼굴과 흰 이의 색이 뚜렷한 (대조 / 연역)을/를 보인다.

04 다음 빈칸에 들어갈 낱말로 알맞은 것은 무엇인가요? (⑤)

언어는 시대가 변하거나 시간이 흐름에 따라 의미나 형태가 변한다. 예를 들어, '미인'이라는 낱말은 옛날에는 남자와 여자 모두에게 사용되었다. 그러나 오늘날에는 '아름다운 사람, 주로 얼굴이나 몸매 등이 아름다운 여자'라는 뜻으로 여자에게만 사용하는 말로 그 의미가 [ ]되었다.

① 과장   ② 귀납   ③ 연역   ④ 유추   ⑤ 축소

50쪽

해설
밑줄 친 부분은 '무엇을 하고자 하는 생각이나 계획.'이라는 뜻의 '④ 의도'와 바꾸어 쓸 수 있습니다.

05 다음 밑줄 친 부분과 뜻이 비슷한 낱말로 알맞은 것은 무엇인가요? (④)

어떤 목적을 이루기 위해 사용하는 구체적인 말을 '담화'라고 한다. 담화는 말하는 이가 생각하는 목적에 따라 정보 전달, 호소, 약속, 선언, 친교 등으로 나뉜다. 예를 들어, '이곳에 쓰레기를 버리지 맙시다.'라는 담화는 호소의 목적을 지닌다.

① 논리   ② 명제   ③ 응답   ④ 의도   ⑤ 타협

06 다음 빈칸에 들어갈 낱말로 알맞은 것을 찾아 ○표 하세요.

[ ]은 일반적인 사실이나 원리를 바탕으로 구체적인 사실을 이끌어 내는 방법으로, 반드시 참인 사실을 바탕으로 결론을 이끌어 내어 오류가 없다. 예를 들어, '모든 포유류는 폐로 숨을 쉰다.'라는 사실에서 고양이도 포유류이므로 폐로 숨을 쉰다는 결론을 내릴 수 있다.

(과장 , 귀납 , 연역)

해설
이 글은 법의 필요성을 담장의 필요성에 빗대어 이해하기 쉽게 설명하고 있습니다. 그러므로 ㉠이 가리키는 낱말은 '같거나 비슷한 것에 기초하여 다른 사물을 미루어 짐작하는 일.'이라는 뜻의 '④ 유추'입니다.

07 다음 ㉠이 가리키는 낱말로 알맞은 것은 무엇인가요? (④)

담장은 바깥을 가리고 자유로운 출입을 방해한다는 점에서 답답함을 준다. 하지만 낯선 사람의 시선을 막고 함부로 들어와 안전을 지켜 준다. 그래서 '법은 담장과 비슷하다.'라는 말이 있다. 이와 같이 낯설거나 어려운 대상을 익숙한 것에 빗대어 제시하는 방법을 ㉠ '이것'(이)라고 한다.

① 대화   ② 면담   ③ 분류   ④ 유추   ⑤ 질의

08 다음 빈칸에 공통으로 들어갈 낱말로 알맞은 것은 무엇인가요? (①)

'하나를 보고 열을 안다.'라는 속담은 '일부만 보고 전체를 미루어 안다.'는 뜻이다. 이 속담은 구체적인 사례를 바탕으로 일반적인 결론을 이끌어낸다는 점에서 [ ]에 해당한다. 하지만 [ ]이/가 성립하려면 충분히 많은 사례를 근거로 삼아야 한다. 따라서 이 속담은 몇 가지 사례만 보고 모두가 그러할 것이라고 섣불리 판단하는 잘못을 저지를 수 있다.

① 귀납   ② 대조   ③ 대화   ④ 응답   ⑤ 전개

51쪽

[09~11] 다음 글을 읽고, 물음에 답하세요.

귀납의 방법 및 특성

구체적이고 따로따로인 사실들을 관찰하여 공통점을 이끌어 내는 방법을 ㉠'귀납'이라고 한다. 귀납은 먼저 관찰을 통해 유사한 대상이나 상황에서 공통점을 ㉡추론하고, 이를 바탕으로 ㉮이론을 세운 뒤에 여러 번의 실험을 반복하여 그 이론이 옳은지 확인한다. 이론이 옳다고 확인되면, 그것은 과학적 진리로 인정된다.

하지만 귀납에는 한계가 있다. 첫째, 사람은 기계가 아니므로 관찰이나 실험한 내용에 오차가 생길 수 있다. 따라서 관찰한 내용을 ㉢분석하거나 실험 결과를 정리할 때는 축소나 ㉣과장을 해서는 안 된다. 조금이라도 축소하거나 과장해 사실을 왜곡되게 하는 것이기 때문이다. 둘째, 관련된 모든 대상을 전부 확인하기 어렵다. 현재 존재하는 모든 ㉤대상을 확인하더라도, 미래에도 반드시 그러할 것이라고 볼 수 없다. 예를 들어, 인류가 관찰을 시작한 과거부터 현재까지 태어난 모든 사람이 날개가 없었다고 해서, 미래의 사람도 날개가 없을 것인지는 미래에 확인하기 전까지 알 수 없다.

이러한 점에서 귀납을 통해 얻어낸 지식은 100% 확실하다고 할 수 없으며, 단지 진리일 가능성이 매우 높은 경험적 지식인 것이다. 그렇지만 대부분의 과학 지식은 이러한 경험적 지식을 바탕으로 발전해 왔다.

해설
㉮는 실험을 통해 옳고 그름을 확인해야 하는 대상이므로, '참과 거짓을 판단할 수 있는 내용을 짧고 분명하게 제시한 문장.'이라는 뜻의 '② 명제'로 바꾸어 쓸 수 있습니다.

09 ㉮와 바꾸어 쓸 수 있는 낱말로 알맞은 것은 무엇인가요? (②)

① 논리   ② 명제   ③ 유추   ④ 의도   ⑤ 질의

10 ㉠~㉤의 뜻으로 바르지 않은 것은 무엇인가요? (③)

① ㉠: 여러 구체적인 사례 간의 공통점을 찾아 모두가 인정할 만한 결론을 이끌어 내는 방법.

② ㉡: 이미 아는 정보를 바탕으로 삼아 다른 판단을 이끌어 내는 것.

③ ㉢: 여럿을 대상으로 같은 성질을 가진 것끼리 가름.

④ ㉣: 사실보다 지나치게 불려서 나타냄.

⑤ ㉤: 어떤 일의 상대 또는 목표나 목적이 되는 것.

해설
'㉢ 분석'의 뜻은 '얽혀 있거나 복잡한 것을 풀어서 개별적인 요소나 성질로 나눔.'입니다.

11 다음 밑줄 친 낱말과 뜻이 반대되는 낱말을 윗글에서 찾아 두 글자로 쓰세요.

아이들의 작은 다툼이 어른들의 큰 다툼으로 확대되었다.

(축소)

52쪽

정답 및 해설 13쪽

🙂 디지털 속 한 문장

다음을 보고, 대화라는 낱말을 넣어 ㉠에 들어갈 대화 글을 써 보세요.

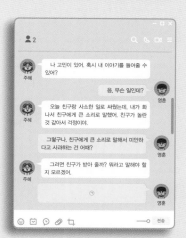

나 고민이 있어. 혹시 내 이야기를 들어줄 수 있어?

응. 무슨 일인데?

오늘 친구랑 사소한 일로 싸웠어. 내가 화나서 친구에게 큰 소리로 말했어. 친구가 놀란 것 같아서 걱정이야.

그렇구나. 친구에게 큰 소리로 말해서 미안하다고 사과하는 건 어때?

그러면 친구가 받아 줄까? 뭐라고 말해야 할지 모르겠어.

㉠

✏️ 예 주혜야, 친구와 대화를 통해 감정을 솔직하게 전달하면 화해할 수 있을 거야.

53쪽

공부한 날짜 월 일

정답 및 해설 14쪽

사회 주제 **01** 세계에는 어떤 기후가 있을까?

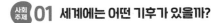

베트남에서 온 학생은 자기 나라가 일 년 내내 더운 열대 기후라고 말했어요. 겨울에도 평균 15도가 넘는다고 했어요.

열대 熱 더울 열, 帶 띠 대

핀란드에서 온 학생은 자기 나라는 여름은 덥고 겨울은 춥다고 했어요. 여름과 겨울의 기온 차이가 뚜렷한 냉대 기후라고 했지요.

냉대 冷 찰 냉, 帶 띠 대

기후 氣 기운 기, 候 기후 후

여름 방학 동안 현우는 세계 청소년 캠프에 참가했어요. 현우는 여러 나라 학생들과 자기 나라의 기후에 관해 이야기했어요.

건조 乾 마를 건, 燥 마를 조

이집트에서 온 학생은 자기 나라는 비가 거의 내리지 않아 건조하다고 했어요. 특히 사막은 햇살이 강하다고 말했어요.

습윤 濕 축축할 습, 潤 윤택할 윤

현우는 대한민국은 사계절이 뚜렷하며, 여름에는 습윤한 바람이 분다고 했어요. 학생들은 각 나라의 기후를 알 수 있었어요.

다음 글을 읽으며, 빈칸에 들어갈 낱말을 낱말밭에서 찾아 써 보세요.

세계의 **기후** 은/는 기온과 강수량에 따라 나뉘는데, 기온은 태양의 빛을 받는 정도에 따라 달라진다. 적도와 가까운 지역일수록 기온이 높고, 남극이나 북극으로 갈수록 기온이 낮아진다.

적도 근처의 저위도 지역인 **열대** 은/는 가장 추운 달의 평균 기온이 18도가 넘을 정도로 일 년 내내 무덥고 비가 많이 내린다. 비가 내리지 않는 건기와 비가 계속 내리는 우기가 반복되는 곳도 있다. 우리나라가 속하는 위도 20°~50° 사이의 중위도 지역인 온대는 사계절이 뚜렷하다. 여름에는 기온이 높고 강수량이 많으며, 겨울에는 이와 반대이다. 그리고 가장 추운 달의 평균 기온이 -3~10도 사이이다. 위도 50°~70° 사이의 지역인 **냉대** 은/는 사계절이 나타나지만, 겨울이 온대보다 길고 더 춥다. 가장 따뜻한 달의 평균 기온은 10도를 넘는다. 남극이나 북극에 가까운 고위도 지역인 한대는 일 년 내내 매우 추우며, 가장 따뜻한 달의 평균 기온이 10도 미만이라서 눈과 얼음으로 뒤덮인 곳이 많다.

한편, 위도 20° 근처의 지역에는 사막이나 초원이 많다. 일 년 강수량이 500mm도 되지 않는 **건조** 한 기후이다. 반면에 강수량이 증발량보다 많으면 **습윤** 기후라고 한다.

낱말밭 사전

* **기후** 일정한 지역에서 여러 해에 걸쳐 나타나는 평균적인 날씨. ☐
* **열대** 적도 부근이고 연평균 기온이 20도 이상인 지역. ☐
* **냉대** 위도 50°~70° 사이에 있으며, 겨울은 길고 추우며 여름은 짧은 지역. ☐
* **건조** 말라서 축축한 기운이 없음. ☐
* **습윤** 축축한 기운의 느낌이 많이 있음. ☐

확인 ✓

57쪽

사회 주제 **01** **낱말밭** 일일학습

정답 및 해설 14쪽

1단계 확인과 적용

01 다음 낱말의 뜻으로 알맞은 것을 〈보기〉에서 찾아 기호를 쓰세요.

보기
㉠ 말라서 축축한 기운이 없음.
㉡ 축축한 기운의 많은 느낌이 많이 있음.
㉢ 적도 부근이고 연평균 기온이 20도 이상인 지역.

(1) 건조 (㉠) (2) 습윤 (㉡) (3) 열대 (㉢)

02 다음 문장의 빈칸에 들어갈 낱말을 찾아 선으로 이으세요.

(1) 온대 지역의 ☐ 은/는 벼농사를 짓기에 적합하다. · · ㉠ 기후
(2) 이곳은 바다로 둘러싸인 섬이라 일 년 내내 ☐ 하다. · · ㉡ 냉대
(3) ☐ 지역은 겨울이 길고 추워서 스키와 같은 겨울 스포츠가 발달했다. · · ㉢ 습윤

03 다음 초성을 보고, 빈칸에 들어갈 알맞은 낱말을 쓰세요.

(1) ㄱ ㅈ
✎ 이 생선은 햇볕으로 (건조)을/를 해서 맛이 좋다.

(2) ㄴ ㄷ
✎ (냉대) 기후인 나라는 겨울에 비해 여름이 짧고 기온이 따뜻하다.

해설
이 글은 봄이나 가을은 날씨가 건조해서 산불이 일어날 수 있다는 것에 관한 내용이므로, 빈칸에는 '① 건조'가 들어가야 알맞습니다.

04 다음 빈칸에 들어갈 낱말로 알맞은 것은 무엇인가요? (①)

날씨가 ☐ 한 봄이나 가을에는 산불을 조심해야 한다. 봄에는 날씨가 따뜻해져서 땅이 말라 있고, 가을에는 낙엽이 바싹 마른 채로 쌓여 있는 경우가 많다. 그렇기 때문에 작은 불씨가 순식간에 큰불로 번질 수 있다.

① 건조 ② 기후 ③ 냉대 ④ 습윤 ⑤ 열대

해설 ⦁⦁⦁⦁⦁ 05
'기후'는 '일정한 지역에서 여러 해에 걸쳐 나타나는 평균적인 날씨.'라는 뜻이므로, '날씨'와 바꾸어 쓸 수 있습니다.

05 다음 밑줄 친 낱말과 바꾸어 쓸 수 있는 낱말을 이 글에서 찾아 두 글자로 쓰세요.

겨울인데도 봄같이 따뜻한 날씨가 이어지면서 봄꽃이 피기 시작했다. 전문가들은 이러한 비정상적인 기온 상승이 지구 온난화 때문이라고 추측했다. 이로 인해 계절의 구분이 사라지면서 자연 생태계의 균형이 깨지고, 자연재해가 증가하고 있다. 기후 변화는 단순한 환경 문제가 아닌 인류의 미래를 위협하는 심각한 문제이다.

(기후)

해설 ⦁⦁⦁⦁⦁
이 글은 기후의 영향에 따라 지역마다 집의 형태가 다른 것에 관해 설명하고 있습니다. 그러므로 ㉠에는 '냉대'가, ㉡에는 '열대'가 들어가야 알맞습니다.

06 다음 ㉠과 ㉡에 들어갈 알맞은 낱말을 〈보기〉에서 찾아 쓰세요.

보기
냉대 습윤 열대

전 세계적으로 지역마다 집의 형태가 다른데, 이는 각 지역의 기후에 영향을 받기 때문이다. 예를 들어, ㉠ 지역에서는 겨울이 길고 추워서 침엽수가 잘 자라 통나무집을 짓는다. 반면에 날씨가 덥고 습한 ㉡ 지역에서는 통풍이 잘되며 습기에 강한 대나무를 이용해 집을 짓는다.

(1) ㉠: 냉대 (2) ㉡: 열대

2단계 활용

07 다음 〈보기〉의 그래프를 보고, 〈조건〉에 맞게 문장을 만들어 쓰세요.

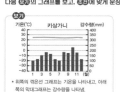

보기
기온(℃) / 키상가니 / 강수량(mm)

※ 위쪽의 꺾은선그래프는 기온을 나타내고, 아래쪽의 막대그래프는 강수량을 나타낸다.

조건
1. '습윤', '열대' 두 낱말을 모두 사용하여 문장을 만들 것.
2. '키상가니'의 기후 특징을 설명할 것.

예) 키상가니는 일 년 내내 평균 기온이 20℃ 이상이고 비가 많이 내리는 습윤한 열대 기후이다.

58쪽

59쪽

사회 주제 02 세계화 속 경제 활동에는 무엇이 있을까?

낱말밭

최근 통계 자료에 따르면, 한국 라면은 중국, 미국, 일본 등 전 세계 130개 이상의 나라에 수출되고 있어요.

수출
輸 나를 수, 出 날 출

한국 라면은 미국 시장에서 오랫동안 인기를 끌었던 제품들과 경쟁하며 점점 더 많은 사람들에게 사랑받고 있지요.

경쟁
競 다툴 경, 爭 다툴 쟁

세계화
世 세대 세, 界 경계 계, 化 될 화

우리나라의 라면은 종류와 맛이 다양해요. 한국 라면이 외국인들의 입맛을 사로잡으면서 세계화가 빠르게 이루어지고 있어요.

무역
貿 바꿀 무, 易 바꿀 역

한국 라면의 무역 금액은 매년 꾸준히 증가하고 있어요. 해외 시장에서 한국 라면의 인기가 높아진 걸 알 수 있지요.

수입
輸 나를 수, 入 들 입

우리나라에서도 외국 라면을 수입하고 있어요. 이렇게 세계 여러 나라가 서로 경제적으로 교류하고 있음을 알 수 있어요.

다음 글을 읽으며, 빈칸에 들어갈 낱말을 낱말밭에서 찾아 써 보세요.

나라 간의 교류가 활발해지면서 전 세계는 점점 하나로 연결되고 있다. 이런 현상을 **세계화** 라고 한다. 이 영향으로 나라 간의 경제 교류가 급속하게 증가하고 있다. 이는 노르웨이산 연어, 브라질산 닭고기, 호주산 소고기, 페루산 포도, 태국산 땅콩 등 전 세계의 다양한 식품들이 우리 식탁에 오르고 있는 것에서 쉽게 알 수 있다.

세계 각 나라는 자기 나라에서 잘 만들 수 있는 물건을 생산해 다른 나라에 팔아 돈을 번다. 그리고 그 돈으로 자기 나라에 필요한 물건을 다른 나라에서 사 온다. 이렇게 나라 간에 물건이나 서비스를 사고파는 것을 **무역** (이)라고 한다. 무역을 할 때, 다른 나라에 물건이나 서비스를 파는 것을 **수출** (이)라고 하고, 다른 나라에서 물건이나 서비스를 사 오는 것을 **수입** (이)라고 한다. 이를 통해 각 나라는 서로 이익을 얻을 수 있다. 우리나라는 반도체, 자동차, 석유 제품 등을 많이 수출하고, 원유, 천연가스, 석탄 같은 에너지 원료 등을 많이 수입한다.

그런데 한 나라가 하나의 물건이나 서비스만 생산하지는 않는다. 그래서 비슷한 물건이나 서비스를 생산하는 나라들끼리 **경쟁** 이/가 이루어지는데, 이를 통해 더 좋은 물건이나 서비스가 생산된다.

낱말밭 사전

		확인 ✓
✽ **세계화**	국가나 민족을 뛰어넘어 전 세계가 하나의 사회처럼 되는 현상.	☐
✽ **수출**	국내의 상품이나 기술을 다른 나라에 파는 것.	☐
✽ **경쟁**	같은 목적에 대하여 이기거나 앞서려고 서로 겨룸.	☐
✽ **무역**	나라와 나라 사이에 물건이나 서비스를 사고파는 것.	☐
✽ **수입**	다른 나라로부터 상품이나 기술 등을 국내로 사 오는 것.	☐

사회 주제 02 낱말밭 일일학습

1단계 확인과 적용

01 다음 뜻을 가진 낱말을 보기에서 찾아 쓰세요.

보기
수입   수출   세계화

(1) 국내의 상품이나 기술을 다른 나라에 파는 것. (**수출**)
(2) 다른 나라로부터 상품이나 기술 등을 국내로 사 오는 것. (**수입**)
(3) 국가나 민족을 뛰어넘어 전 세계가 하나의 사회처럼 되는 현상. (**세계화**)

02 다음 문장의 빈칸에 들어갈 낱말을 찾아 선으로 이으세요.

(1) ☐ 농산물을 팔 때는 반드시 원산지를 표시해야 한다. · · ㉠ 경쟁
(2) 수영 선수들은 세계 대회에서 우승하기 위해 치열한 ☐을 벌였다. · · ㉡ 무역
(3) 고려 시대에는 ☐을 통해 고려의 인삼과 도자기가 중국과 일본 등에 유명해졌다. · · ㉢ 수입

03 다음 빈칸에 들어갈 낱말을 보기에 있는 글자 카드로 만들어 쓰세요.

보기
계   세   화   출   수

(1) 우리 공장에서 만들어지는 제품이 전 세계 여러 나라에 (**수출**)되고 있다.
(2) 한국 드라마가 (**세계화**)되면서 한국어를 배우고 싶어 하는 외국인이 늘었다.

04 다음 밑줄 친 낱말과 뜻이 반대되는 낱말을 이 글에서 찾아 두 글자로 쓰세요.

세계화 시대에는 다른 나라와 물건을 사고파는 무역이 필수적이다. 이때 일정 기간을 기준으로 수출해서 벌어들인 총금액이 수입하느라 사용한 금액보다 많으면 무역 흑자라고 한다. 그 반대의 경우는 무역 적자라고 한다. 이는 각 국가의 경제 상황을 판단하는 중요한 지표가 된다.

(**수입**)

해설 ……●04
'수출'과 '수입'은 서로 반대되는 뜻을 지닌 낱말입니다.

해설 ……●05
이 글은 프로 축구팀들이 순위를 겨루는 것에 관한 내용입니다. 그러므로 빈칸에는 '같은 목적에 대하여 이기거나 앞서려고 서로 겨룸.'이라는 뜻의 '① 경쟁'이 들어가야 알맞습니다.

해설
나라 사이에서 물건을 사고파는 활동을 통해 국민의 생활이 편리해졌다는 내용을 통해 ㉠에는 '무역'이, 현재는 다양한 나라에서 과일을 들여온다는 내용을 통해 ㉡에는 '수입'이 들어가야 알맞습니다.

05 다음 빈칸에 공통으로 들어갈 낱말로 알맞은 것은 무엇인가요? (①)

프로 축구의 순위 ☐이 안갯속이다. 두 달 가까이 1위를 지켰던 팀이 최근 매우 부진하면서 2위 팀과의 승점 차이가 각각 1점으로 좁혀졌기 때문이다. 게다가 두 팀 모두 시즌을 마칠 때까지 각각 세 경기씩만 남았다. 이 치열한 순위 ☐은 축구 팬들의 흥미를 높이고 있다.

① 경쟁 ② 대상 ③ 무역 ④ 수입 ⑤ 타협

06 다음 ㉠과 ㉡에 들어갈 알맞은 낱말을 보기에서 찾아 쓰세요.

보기
경쟁   무역   수입

㉠ 을 통해 여러 가지 물건이 ㉡ 되면서 국민은 품질이 더 좋거나 가격이 저렴한 제품을 선택할 수 있게 되었다. 예를 들어, 수십 년 전만 해도 우리나라에서는 파인애플이 귀한 과일이라서 가격이 비쌌다. 하지만 현재는 다양한 나라에서 이러한 과일을 ㉡ 하면서 가격이 훨씬 낮아지고 종류도 많아졌다.

(1) ㉠: (**무역**) (2) ㉡: (**수입**)

2단계 활용

07 다음 보기와 같이 주어진 낱말을 넣어 짧은 문장을 만들어 쓰세요.

보기
경쟁
⇨ 수컷 사자들은 자신의 영역을 지키기 위해 서로 경쟁한다.

(1) 수출
⇨ 예 ○○ 회사는 자전거 해외 수출을 위해 품질 관리에 힘쓰고 있다.

(2) 세계화
⇨ 예 인터넷의 발달은 세계화를 더 빠르게 만들었다.

공부한 날짜 월 일

정답 및 해설 16쪽

사회 주제 03 국제기구는 무슨 일을 할까?

평화 유지군은 유엔에 가입한 국가들의 군대가 연합해서 만들어졌어요. 그래서 여러 국가의 군인들이 함께 있어요.

연합

聯 잇닿을 연, 合 합할 합

우리나라도 1993년에 국제 평화를 위해 상록수 부대를 만든 이후, 꾸준히 평화 유지군에 참여하고 있어요.

평화

平 평평할 평, 和 화목할 화

국제기구

國 나라 국, 際 가 제, 機 틀 기, 構 얽을 구

유엔이라는 국제기구는 평화 유지군을 운영하고 있어요. 평화 유지군은 유엔이 꼭 필요 [한] 곳에 보내지는 군대이지요.

紛 어지러울 분, 爭 다툴 쟁

분쟁

평화 유지군은 전쟁과 같은 분쟁이 일어난 지역에서 주로 활동하며, 큰 재난이 발생한 곳에서도 임무를 수행해요.

유지

維 바 유, 持 가질 지

평화 유지군은 민간인을 보호하고 사회 질서를 유지하는 역할도 해요. 그 덕분에 많은 사람이 안전하게 지낼 수 있어요.

다음 글을 읽으며, 빈칸에 들어갈 낱말을 낱말밭에서 찾아 써 보세요.

오늘날의 세계는 전쟁이나 나라 간의 환경 파괴로 인한 자연재해, 빈부 격차 등 한 나라의 노력만으로는 해결할 수 없는 다양한 문제에 둘러싸여 있다. 이를 해결하기 위해 여러 나라나 전문 단체가 **연합** 하여 만든 조직을 **국제기구** 라고 한다. 대표적으로 국제 연합이 있다.

흔히 유엔(UN)이라고 부르는 국제 연합은 제2차 세계 대전이 끝난 뒤에 전쟁을 막고 세계의 **평화** 을/를 지키기 위해 만들어진 국제기구이다. 국제 연합은 국가 간의 갈등을 조정하고, 큰 **분쟁** 이/가 발생한 지역에 평화 유지군을 보내 사회 질서를 **유지** 하며 일반인들을 보호한다. 또한, 인류 전체의 발전을 위해 기후 변화나 식량 문제를 해결하기 위한 활동을 한다. 이를 위해 국제 연합은 여러 전문 기구를 운영하고 있다.

모든 국제기구가 분쟁 해결을 목적으로 하는 것은 아니다. 예를 들어, 200개 이상의 나라가 회원국인 국제올림픽위원회(IOC)는 올림픽 대회를 개최하는 활동을 한다. 그리고 188개의 나라가 가입한 세계은행은 국제 금융 기구로, 전 세계의 빈곤을 해소하고 가난한 나라의 경제 발전을 목적으로 한다.

낱말밭 사전

확인 ✓

* **국제기구** 어떤 국제적인 목적이나 활동을 위해서 두 나라 이상이 모여 만든 조직.

* **연합** 둘 이상의 단체가 서로 합쳐서 하나의 조직을 만듦.

* **평화** 사람이나 나라 사이에 심한 다툼이 없이 조용하고 무사한 상태.

* **분쟁** 말썽을 일으켜 시끄럽고 복잡하게 다툼.

* **유지** 어떤 상태나 상황을 그대로 이어가거나 변함없이 계속함.

사회 주제 03 낱말밭 일일학습

정답 및 해설 16쪽

1단계 확인과 적용

01 다음 뜻을 가진 낱말을 보기에서 찾아 쓰세요.

보기
유지 평화 국제기구

(1) 어떤 상태나 상황을 그대로 이어가거나 변함없이 계속함. (유지)

(2) 사람이나 나라 사이에 심한 다툼이 없이 조용하고 무사한 상태. (평화)

(3) 어떤 국제적인 목적이나 활동을 위해서 두 나라 이상이 모여 만든 조직. (국제기구)

해설
'연합'은 '둘 이상의 단체가 서로 합쳐서 하나의 조직을 만듦.'이라는 뜻이므로, 우주는 '연합' 대신 '분쟁'이라는 낱말을 사용해야 합니다.

02 다음 문장에 어울리는 낱말을 찾아 ○표 하세요.

(1) 여러 학교가 (연합), 유지)해서 운동 대회를 열었다.

(2) 친구 사이의 (분쟁 , 평화)은/는 대화를 통해 해결해야 한다.

(3) (연합 , 국제기구)은/는 전 세계의 평화와 안전을 위해 설립된 조직이다.

(4) 사람들은 경찰의 안내에 따라 질서를 (유지), 타협)하며 천천히 이동했다.

03 다음 문장 중 밑줄 친 낱말을 바르게 사용하여 말한 친구의 이름을 쓰세요.

 전쟁이 끝나고 나서 마을에 다시 평화가 찾아왔어.
수지

 옆집과 아랫집이 층간 소음으로 인해 연합이 벌어졌어.
우주

(수지)

해설
옛날에는 세자에게 문제가 생기면 왕위 계승 과정에서 분쟁이 발생하는 경우가 많았습니다. 그러므로 빈칸에는 '② 분쟁'이 들어가야 알맞습니다.

04 다음 빈칸에 들어갈 낱말로 알맞은 것은 무엇인가요? (②)

왕이 다스리던 옛날에는 전 세계적으로 대부분 큰아들이 세자가 되어 왕의 자리를 이어받았다. 따라서 세자에게 문제가 생기면 심각한 [   ]이/가 일어났다. 이런 점에서 조선의 세종대왕이 태종의 셋째 아들인데도 별다른 문제 없이 왕의 자리에 오른 것은 매우 특이한 일이다.

① 대화 ② 분쟁 ③ 연합 ④ 설득 ⑤ 타협

해설
②에는 '국제기구'가, ③에는 '유지'가 들어가야 알맞습니다. ①은 작은 회사들이 모여서 새로운 기업을 만들었다는 내용이므로, '연합'이 알맞습니다.

05 다음 밑줄 친 낱말과 같은 낱말이 들어갈 문장에 ○표 하세요.

삼국 시대에 백제는 신라와 연합하여 고구려에 대항했다.

① 작은 회사들이 [   ]하여 새로운 기업을 세웠다. (○)

② [   ]은/는 세계의 다양한 문제를 해결하고 있다. ( )

③ 할아버지께서는 건강을 [   ]하기 위해 매일 운동을 하신다. ( )

06 다음 빈칸에 공통으로 들어갈 알맞은 낱말을 보기에서 찾아 쓰세요.

보기
분쟁 연합 국제기구

세계보건기구(WHO)는 전 세계 사람들의 건강을 지키기 위해 설립된 [   ]이다. 세계보건기구는 각국 정부와 협력하여 건강과 관련된 정책을 만들고, 질병 예방과 치료를 위한 연구를 한다. 최근에는 코로나19와 같은 질병에 걸렸을 때 어떻게 대응해야 하는지 대책을 마련하여 지원했다. 이처럼 세계보건기구는 사람들의 건강한 생활을 위한 정보를 제공하는 [   ]로서의 역할을 하고 있다.

(국제기구)

2단계 활용

07 다음 보기의 낱말 중 두 개를 골라서 짧은 문장을 만들어 쓰세요.

보기
분쟁 연합 유지 평화

(1) 낱말 예 분쟁, 연합

문장 예 여러 국가가 분쟁을 해결하기 위해 연합하여 정보를 공유한다.

(2) 낱말 예 유지, 평화

문장 예 지역 관계자는 지역 사회의 안전과 평화를 유지하기 위해 노력한다.

16 달곰한 문해력 초등 어휘 6단계

사회 주제 04 헌법은 어떤 내용으로 이루어졌을까?

낱말밭

헌법 제1조 1항은 '대한민국은 민주 공화국 이다.'예요. '민주'는 민주주의를 의미하며, 국민이 국가의 결정에 참여하는 것을 뜻해요.

민주

民 백성 민, 主 주인 주

민주주의란 국민이 주권을 가지고 이를 직접 행사하는 것을 말해요. 즉, 투표를 통해 국민이 나라의 중요한 결정에 참여할 수 있어요.

주권

主 주인 주, 權 권세 권

헌법

憲 법 헌, 法 법도 법

헌법은 나라를 다스리는 근본적인 원칙들을 담고 있어요. 이번에는 헌법 제1조 1항과 ~에 대해 살펴보도록 해요.

정치

政 정사 정, 治 다스릴 치

민주 공화국에서 '공화국'은 국민이 투표로 선택한 대표가 정해진 기간 동안 법에 따라 정치를 하는 나라를 말해요.

권력

權 권세 권, 力 힘 력

헌법 제1조 2항은 '대한민국의 주권은 국민에게 있고, 모든 권력은 국민으로부터 나온다.'로, 국가의 권력이 국민에게 있음을 말해요.

다음 글을 읽으며, 빈칸에 들어갈 낱말을 낱말밭에서 찾아 써 보세요.

많은 사람이 공동생활을 하는 사회에서는 개인이나 집단 간의 갈등이 종종 발생한다. 이러한 갈등이나 문제를 내버려두면 사회 질서가 어지러워질 수 있다. 그러므로 이를 조정하고 해결하기 위해서 (1)[ㅈㅊ] **정치** (이)라 **정치** 요하다. 정치는 일반적으로 국가의 권력을 유지하고 행사하는 것을 의미한다.

원칙적으로 정치 활동은 법을 따라야 한다. 법은 개인이나 집단 간에 일어나는 다양한 갈등을 중립적인 위치에서 해결하여 사회 질서를 유지하는 수단이다. 그런데 여러 가지 법은 모두 **헌법** 을/를 거스를 수 없다. 헌법에는 국민이 행복하게 살기 위해 누려야 할 권리와 지켜야 할 의무, 나라를 이끌어가는 원칙이 담겨 있다. 그래서 헌법을 '법 중의 법'이라고 한다.

헌법을 바꾸거나 고치려면 국민 투표를 거쳐야 한다. 우리나라는 국민이 **주권** 을/를 지니고 있는 **민주** 국가이기 때문이다. 주권은 국가의 일을 최종적으로 결정하는 **권력** 을/를 말한다. 즉, 국가 차원의 중요한 결정은 반드시 국민의 뜻에 따라야 한다. 대통령이나 국회의원, 지방 자치 단체의 장과 지방 의회 의원 등을 국민이 직접 뽑는 것은 주권이 국민에게 있음을 보여 준다.

낱말밭 사전   확인 ☑

* **헌법** 나라를 다스리는 규칙들을 모아 놓은 최고의 법.   ☐
* **민주** 국민이 권력을 가지고 그것을 스스로 행사하는 제도나 사상. ☐
* **주권** 국가의 일을 최종적으로 결정하는 권력.   ☐
* **정치** 나라를 다스리는 일.   ☐
* **권력** 남을 복종시키거나 지배할 수 있는 사회적으로 인정된 권리와 힘. ☐

사회 주제 04 낱말밭 일일학습

1단계   확인과 적용

01 다음 낱말의 뜻으로 알맞은 것을 [보기]에서 찾아 기호를 쓰세요.

[보기]
㉠ 나라를 다스리는 일.
㉡ 나라를 다스리는 규칙들을 모아 놓은 최고의 법.
㉢ 국민이 권력을 가지고 그것을 스스로 행사하는 제도나 사상.

(1) 민주 (㉢)   (2) 정치 (㉠)   (3) 헌법 (㉡)

02 다음 밑줄 친 부분과 뜻이 비슷한 낱말을 [보기]에서 찾아 쓰세요.

[보기] 권력 민주 정치

(1) 국회 의원은 자신이 가진 권리와 힘을 올바르게 사용해야 한다. (권력)
(2) 어느 시대나 나라를 이끌어 나가는 일을 하려는 사람은 큰 책임감이 있어야 했다. (정치)
(3) 많은 사람이 우리나라를 국민이 주권을 지니고 있는 국가로 만들기 위해 노력했다. (민주)

03 다음 문장 중 밑줄 친 낱말이 바르게 사용된 것을 찾아 ○표 하세요.

(1) (민주 / 평화) 국가는 국민의 자유를 지켜 준다.
(2) 과거에 왕은 절대적인 (권력 / 민주)을/를 사용할 수 있었다.
(3) 강대국들은 식민지 국가의 (주권 / 헌법)을 침해하고 지배했다.

04 다음 빈칸에 들어갈 낱말로 알맞은 것은 무엇인가요? (①)

한 사람이나 특정 기관이 국가의 모든 [   ]을/를 가지면, 그것을 올바르지 않게 사용하거나 잘못된 결정을 하여 국민의 자유와 권리를 해칠 수 있다. 이를 막기 위해 대부분의 국가는 국회, 정부, 법원 등 여러 기관이 권한을 나누어 서로 견제하며 균형을 이루도록 한다.

① 권력   ② 민주   ③ 정치   ④ 주권   ⑤ 헌법

해설
② 에는 '민주'가, ③ 에는 '정치'가 들어가야 알맞습니다. ① 은 국가의 기본적인 법체계를 설명하는 것이므로, '헌법'이 들어가야 합니다.

해설
투표라는 행위가 국민의 권리를 행하는 것이라는 내용을 담고 있으므로, ㉠ 에는 '주권'이, 투표로 인해 결정된 것들이 정치를 통해 이루어진다는 내용을 담고 있으므로, ㉡ 에는 '정치'가 들어가야 알맞습니다.

해설
이 글은 국가에서 권력을 분산시켜 균형을 유지하는 것에 대한 중요성을 말하고 있습니다. 그러므로 빈칸에는 ① 권력'이 들어가야 합니다.

05 다음 밑줄 친 낱말과 같은 낱말이 들어갈 문장에 ○표 하세요.

대통령은 헌법과 법률을 지켜야 할 의무를 지닌다.

① [   ]은/는 국가의 근본이 되는 법체계이다. (○)
② 국민이 정치에 관심을 가지고 참여하면 [   ]주의가 발전한다. ( )
③ 옛날에는 왕이나 신분이 높은 사람만 [   ]에 참여할 수 있었다. ( )

06 다음 ㉠과 ㉡에 들어갈 알맞은 낱말을 [보기]에서 찾아 쓰세요.

[보기] 주권   정치   헌법

정민: 오늘은 선거 날이라 학교에 가지 않아도 좋아. 아침에 부모님께서 투표하러 가셨어.
연지: 투표는 국민이 ㉠ 을/를 행하는 중요한 순간이야. 우리가 어떤 선택을 하느냐에 따라 우리의 미래가 달라질 수 있으니까 신중한 결정이 필요해.
주화: 맞아, 투표는 우리가 개인의 의견을 자유롭게 표현하는 방법이지. 그리고 ㉡ 은/는 그 결정들을 이끌어가는 중요한 역할을 해.

(1) ㉠: (주권)   (2) ㉡: (정치)

2단계   활용

07 다음 [보기]와 같이 주어진 낱말을 넣어 짧은 문장을 만들어 쓰세요.

[보기]
민주
✎ 민주 국가에서는 국민이 자신의 권리를 당당하게 요구할 수 있다.

(1) 주권
✎ 예 독립운동가들은 우리나라의 주권을 되찾기 위해 일본과 싸웠다.

(2) 헌법
✎ 예 대한민국의 헌법은 모든 국민이 법 앞에 평등하다고 규정하고 있다.

공부한 날짜   월   일

사회 주제 01~04 '날말밭' 주간학습

정답 및 해설 18쪽

01 다음 문장의 빈칸에 들어갈 낱말을 토기에서 찾아 쓰세요.

보기
유지   정치

(1) 투표는 국민들이 (**정치**)에 직접 참여하는 방법이다.
(2) 할머니께서는 정원을 아름답게 (**유지**)하기 위해 꽃을 심으셨다.

02 다음 초성을 보고, 빈칸에 들어갈 알맞은 낱말을 쓰세요.

(1) ㄴㄷ
✎ 한반도의 북부 지역은 (**냉대**) 기후에 속해 겨울 날씨가 매우 춥다.

(2) ㅇㅎ
✎ 올림픽에서 남한과 북한이 (**연합**)해 하나의 팀을 만들기도 했었다.

해설
'갈등을 해결하려면 서로 다른 입장을 가진 나라들을 중간에서 조정할 수 있어야 한다.'라는 내용을 통해, 빈칸에는 '어떤 국제적인 목적이나 활동을 위해서 두 나라 이상이 모여 만든 조직.'이라는 뜻의 ⑤ '국제기구'가 들어가야 알맞습니다.

03 다음 빈칸에 들어갈 낱말을 토기에 있는 글자 카드로 만들어 쓰세요.

보기
수   습   화   평   윤   입

(1) 기후가 (**습윤**)한 곳에서는 전염병이 짧은 기간에 널리 퍼지기 쉽다.
(2) 비둘기는 요즘의 인식과 달리 예로부터 (**평화**)의 상징으로 여겨졌다.
(3) 최근 식료품 (**수입**)이/가 증가해서 해외 식재료를 쉽게 구할 수 있게 되었다.

04 다음 빈칸에 들어갈 낱말로 알맞은 것은 무엇인가요? (⑤)

국제 사회에서 국가 간의 갈등이 사라지지 않는 이유는 모든 국가가 반드시 지켜야 하는 강력한 법이 없고, 많은 국가가 자기 나라의 이익을 먼저 생각하기 때문이다. 이러한 갈등을 해결하려면 서로 다른 입장을 가진 나라들을 중간에서 조정할 수 있어야 하는데, 국제 연합과 같은 _____이/가 이러한 역할을 하는 경우가 많다.

① 민주   ② 연합   ③ 헌법   ④ 세계화   ⑤ 국제기구

05 다음 ⊙과 ⓒ에 들어갈 알맞은 낱말을 바르게 짝 지은 것은 무엇인가요? (②)

우리나라는 사계절이 뚜렷한 온대 ⊙ 이다. 그러나 기온이 점차 높아지면서 아열대 ⊙ 의 특징이 나타나고 있다. 그래서 더운 ⓒ 지역에서 나오던 망고, 바나나와 같은 과일이 제주도에서 재배되고 있다. 이런 변화는 지역 농민에게 새로운 농업 기회를 제공하고, 지역 경제에 긍정적인 영향을 준다.

① ⊙: 기후 - ⓒ: 냉대   ② ⊙: 기후 - ⓒ: 열대   ③ ⊙: 기후 - ⓒ: 건조
④ ⊙: 건조 - ⓒ: 냉대   ⑤ ⊙: 건조 - ⓒ: 열대

해설
'헌법'은 '나라를 다스리는 규칙들을 모아 놓은 최고의 법.'이라는 뜻입니다. 따라서 ⓒ에는 '남을 복종시키거나 지배할 수 있는 사회적으로 인정된 권리와 힘.'이라는 뜻의 '권력'이 쓰여야 알맞습니다.

06 다음 ⊙∼⑩ 중에서 낱말의 쓰임이 알맞지 않은 것을 찾아 기호를 쓰세요.

우리나라는 ⊙주권이 국민에게 있는 ⓒ민주 국가이다. 따라서 국가의 정책은 다수 국민의 지지를 받아야 정당성을 얻을 수 있다. 만약 ⓒ헌법을 지닌 소수의 이익만을 위한 ⑩정치가 이루어진다면, 다수의 불만이 커져 일이 제대로 진행되지 않을 수 있고, 억지로 정책을 추진할 경우에는 ⑩분쟁이 일어나 사회가 혼란스러워질 수 있다.

(ⓒ)

해설
'인간은 집단을 형성하여 자연환경이나 다른 동물과 대응해 왔다.'라는 내용을 통해 빈칸에는 '경쟁'이 들어가야 알맞습니다.

07 다음 밑줄 친 낱말과 바꾸어 쓸 수 있는 낱말로 알맞은 것은 무엇인가요? (③)

공동 주택의 소음 문제는 주민들 간의 갈등을 일으킨다. 밤늦게 큰 소리로 음악을 듣거나 시끄러운 활동이 문제를 일으키며, 이는 다른 주민들에게 불편을 준다. 이를 해결하기 위해서는 정중한 대화나 소음의 원인에 대한 설명이 중요하다. 또한, 주민들이 공동 주택의 규칙을 지키는 것도 도움이 될 수 있다.

① 건조   ② 권력   ③ 분쟁   ④ 평화   ⑤ 정치

08 다음 빈칸에 들어갈 낱말로 알맞은 것을 찾아 ○표 하세요.

인간은 오래전부터 여러 명이 모여 일정한 집단을 형성했다. 이를 통해 자연환경이나 다른 동물들의 생존 _____에 대응해 왔다. 사람들은 집단을 유지하기 위해 조직과 제도를 만들고, 정치 활동을 했다. 새나 곤충과 같은 생물도 집단생활을 하지만, 이들은 본능에 따른 것이기 때문에 이성에 따른 인간 사회와 다르다.

(**경쟁** , 무역 , 주권)

[09~11] 다음 글을 읽고, 물음에 답하세요.

빠른 속도로 세계화가 진행되면서 이전보다 국가 간 ⊙ 이/가 활발해지고 인구 이동도 증가하고 있다. 이에 따라 다른 문화 간의 접촉이 활발해졌고, 우리나라도 외국인 이주자 수가 빠르게 늘어나 다문화 사회가 되고 있다. 그러다 보니 문화가 달라 문제가 일어나기도 한다.

예를 들어 이슬람 사람에게 돼지고기 요리를 대접하면 갈등이 일어날 수 있다. 이슬람 사람들은 종교적인 이유로 돼지를 부정하게 여기기 때문에 대부분 돼지고기를 먹지 않는다. 돼지와 관련된 재료가 사용된 물건은 이슬람 지역으로 ⑦수출할 수도 없다. 심지어 돼지 캐릭터도 금지하는 경우가 많다. 그런데 우리나라에서는 돼지고기를 즐겨 먹는다. 건물을 짓거나 사업을 시작할 때 돼지머리를 올려놓고 절을 하기도 한다. 또한 돼지꿈을 꾸면 좋은 일이 생길 것이라고 믿는다.

돼지에 대한 이런 인식 차이는 서로의 문화가 다르기 때문이다. 이슬람 문화만이 아니라 전 세계의 여러 문화는 그 사회의 기후, 종교, 역사 등의 다양한 원인에 의해 다르게 형성된다. 그러므로 어느 것이 더 좋고 올바르냐 어떤 것이 더 나쁘거나 틀렸다고 평가할 수 없다. 그런데도 자신의 문화와 다르다는 이유로 무시하거나 차별하면 문제가 일어날 수밖에 없다. 실제로 문화 차이 때문에 국가 간 분쟁이 일어나 국제 평화가 위협받은 적도 있다. 따라서 세계화 시대에는 다른 문화를 이해하고 존중하려는 태도를 지녀야 한다.

해설
⊙에는 '나라와 나라 사이에 물건이나 서비스를 사고파는 것.'이라는 뜻의 '② 무역'이 들어가야 알맞습니다.

09 ⊙에 들어갈 낱말로 알맞은 것은 무엇인가요? (②)

① 권력   ② 무역   ③ 수입   ④ 주권   ⑤ 정치

10 ⑦의 뜻으로 알맞은 것은 무엇인가요? (③)

① 말라서 축축한 기운이 없음.
② 국가의 일을 최종적으로 결정할 권리.
③ 국내의 상품이나 기술을 다른 나라에 파는 것.
④ 나라를 다스리는 규칙들을 모아 놓은 최고의 법.
⑤ 다른 나라로부터 상품이나 기술 등을 국내로 사 오는 것.

해설
①은 '건조', ②는 '주권', ④는 '헌법', ⑤는 '수입'의 뜻입니다.

11 다음은 윗글의 제목입니다. 빈칸에 들어갈 낱말로 알맞은 것은 무엇인가요? (⑤)

_____ 시대에 필요한 태도

① 경쟁   ② 기후   ③ 유지   ④ 평화   ⑤ 세계화

📱 디지털 속 한 문장

정답 및 해설 18쪽

다음 신문 기사를 읽고, 무역이라는 낱말을 넣어 ⊙에 들어갈 답글을 써 보세요.

🏠 홈 > 능률 신문 > 사회 기사   ⭐ ⏴ 🖨

세계는 하나의 시장, 세계 무역의 날!

매년 12월 5일은 세계 무역의 날이다. 이날에는 세계 여러 나라의 상품과 문화 등이 서로 연결되어 있다는 것을 기념한다. 우리는 무역 덕분에 다른 나라의 음식, 옷, 기술 등을 쉽게 접할 수 있다. 무역은 서로 다른 문화와 가치를 이해하는 데도 큰 도움이 된다. 앞으로도 무역을 통해 다른 나라와 친구가 되어 서로 도와주고 함께 성장해야 한다.

👍 좋아요

> 김건후 각국의 물건을 수입하고 수출하는 것이 무역이야.
> 오수민 우리는 무역 덕분에 다른 나라 음식을 먹을 수 있어.

⊙

[목록] [인쇄]   [답변] [수정] [삭제] [글쓰기]

✎ **예** 무역은 세계 각국이 서로 물건과 문화를 주고받는 것이다. 무역을 통해 세계가 하나로 연결되었으면 좋겠다.

사회주제 05 개화기에는 어떤 일이 있었을까?

낱말밭

신하는 "서양의 과학 기술은 우리보다 뛰어납니다. 게다가 청과 일본은 이미 서양의 문물을 받아들이고 있습니다."라고 말했어요.

문물 文 글월 문, 物 만물 물

신하는 "지금처럼 외국과의 교류를 거부하는 쇄국만 고집한다면, 우리나라는 머지않아 다른 나라에 뒤처질 것입니다."라고 말했어요.

쇄국 鎖 쇠사슬 쇄, 國 나라 국

한 명의 신하가 왕에게 말했어요. "전하, 제가 감히 한마디 하겠습니다. 우리나라가 발전하려면 개화 정책을 펼쳐야 합니다."

개화 開 열 개, 化 될 화

신하는 "그 일부 항구를 개항하여 외국인과 그들의 배가 드나들 수 있게 하고, 교류를 늘려야 합니다."라고 말했어요.

개항 開 열 개, 港 항구 항

마지막으로 신하는 "대신 개항하기 전에 여러 나라와 조약을 맺어 서로의 권리와 책임을 정해야 합니다."라며 말을 끝냈어요.

조약 條 가지 조, 約 맺을 약

다음 글을 읽으며, 빈칸에 들어갈 낱말을 낱말밭에서 찾아 써 보세요.

19세기 말, 조선은 중요한 선택 앞에 있었다. 18세기 후반부터 조선의 바다에 서양의 배들이 자주 나타나기 시작했고, 19세기 초에는 영국의 배가 최초로 조선 정부에 **개항**을/를 요청했다. 당시 서양의 강대국들인 영국, 프랑스, 네덜란드 등은 자기 나라의 상품을 판매할 시장을 확보하기 위해 동양에 진출하고 있을 때였다. 하지만 조선은 개항을 거부하고 오히려 국경을 걸어 잠그는 **쇄국** 정책을 강화했다. 서양의 **문물**이/가 우리나라의 문화를 파괴하고 백성들의 삶을 힘들게 할 것이라고 여겼기 때문이었다. 개항이 필요하다고 주장하는 사람들도 있었지만, 이들의 의견은 무시되었다.

그런데 조선의 쇄국 정책은 그리 오래가지 않았다. 조선보다 먼저 서양의 문물을 받아들였던 일본이 무력을 바탕으로 조선의 개항을 강하게 요구했기 때문이다. 결국 1876년에는 강화도에서 일본과 최초의 **조약**을/를 맺고 부산항을 개방하게 되었다. 그 후 1882년에는 미국, 1883년에는 영국과 독일, 1884년에는 러시아와도 연이어 조약을 맺으면서 서양 문물이 들어오게 되었다. 정부는 신식 군대를 만들고 신문을 발행하는 등 적극적인 **개화** 정책을 시행했다.

낱말밭 사전

		확인✓
개화	새로운 사상, 문물, 제도 등을 받아들여 이전과는 다른 생각을 하게 됨.	☐
문물	정치, 경제, 종교, 예술, 법률 등과 같이 문화에 관한 모든 것.	☐
쇄국	다른 나라와 교류하여 물건을 사고파는 것을 금지함.	☐
개항	외국과 물건을 사고팔 수 있게 항구를 개방하여 외국 배의 출입을 허가함.	☐
조약	국가 간의 권리와 의무를 국가 간의 합의에 따라 규정하는 일이나 글.	☐

사회주제 05 낱말밭 일일학습

1단계 확인과 적용

01 다음 뜻을 가진 낱말을 보기에서 찾아 쓰세요.

보기: 개화 문물 쇄국

(1) 다른 나라와 교류하여 물건을 사고파는 것을 금지함. (**쇄국**)
(2) 정치, 경제, 종교, 예술, 법률 등과 같이 문화에 관한 모든 것. (**문물**)
(3) 새로운 사상, 문물, 제도 등을 받아들여 이전과는 다른 생각을 하게 됨. (**개화**)

02 다음 초성을 보고, 빈칸에 들어갈 알맞은 낱말을 쓰세요.

(1) ㅅㄱ
그 나라는 (**쇄국**) 정책을 고집하여 국제적으로 고립되었다.

(2) ㅁㅁ
우리는 다양한 (**문물**)을/를 통해 서로 다른 문화를 이해할 수 있다.

해설
빈칸의 앞뒤 문맥상 국제적인 약속이라는 뜻이 들어가야 하므로 '국가 간의 권리와 의무를 국가 간의 합의에 따라 규정하는 일이나 글.'이라는 뜻을 지닌 '⑤ 조약'이 들어가야 알맞습니다.

03 다음 문장에 어울리는 낱말을 찾아 ○표 하세요.

(1) 여러 나라의 대표들이 (문물, 조약)을 맺기 위해 회의를 했다.
(2) 부산은 (개항, 쇄국)을 한 이후 근대적 상업 도시로 탈바꿈하게 되었다.
(3) 증조할아버지는 (개화, 조약)에 찬성해서 일찍이 상투를 잘랐다고 했다.

04 다음 빈칸에 공통으로 들어갈 낱말로 알맞은 것은 무엇인가요? (⑤)

우리나라는 핵무기가 지금보다 늘어나는 것을 방지할 목적을 지닌 핵 확산 금지 □□에 가입되어 있다. 세계의 평화를 위해서 핵 확산 금지 □□은/는 반드시 지켜져야 한다.

① 개화 ② 경정 ③ 무역 ④ 유지 ⑤ 조약

05 다음 밑줄 친 낱말과 뜻이 비슷한 낱말로 알맞은 것은 무엇인가요? (②)

19세기 말, 조선에 서양의 문화와 사상이 들어오면서 사회를 바꾸려는 사람들이 많아졌다. 특히, 타고난 신분에 따라 사회적 지위가 달라지는 신분 제도도 빠르게 흔들리기 시작했다. 이런 사회 변화를 통해 결국 1894년에 신분 제도가 공식적으로 없어졌다.

① 개항 ② 문물 ③ 분쟁 ④ 쇄국 ⑤ 평화

해설
이 글은 1868년에 일어난 오페르트 도굴 사건에 관한 내용입니다. 이를 통해 흥선 대원군이 쇄국 정책을 강화한 계기를 알 수 있습니다. 그러므로 빈칸에는 '쇄국'이 들어가야 합니다.

06 다음 빈칸에 들어갈 알맞은 낱말을 보기에서 찾아 쓰세요.

보기: 개항 쇄국 조약

1868년 5월 12일, 독일 상인이던 오페르트와 그 무리가 흥선 대원군의 아버지인 남연군의 묘를 파헤치는 사건이 일어났다. 그들은 묘안에 있는 귀중품을 훔치려고 했지만 실패하고 말았다. 이 소식을 들은 흥선 대원군은 크게 분노하여 "앞으로 조선 땅에 서양인과 서양의 것이 들어오지 못하도록 하여라"라는 명령을 내렸다. 이 사건은 조선의 □□ 정책을 더욱 강화하는 계기가 되었다.

(**쇄국**)

2단계 활용

07 다음 보기와 같이 주어진 낱말을 넣어 짧은 문장을 만들어 쓰세요.

보기: 개화
조선의 개화 정책은 나라가 발전할 수 있게 했다.

(1) 개항
예 개항은 조선에 외국 선박이 자유롭게 드나들 수 있게 했다.
(2) 조약
예 두 나라는 전쟁을 끝내자는 평화 조약을 맺었다.

공부한 날짜 월 일
정답 및 해설 20쪽

사회 주제 06 일제 강점기는 어떤 시대였을까?

일본은 우리나라의 자원과 노동력을 수탈했어요. 그들은 농민들에게 곡식을 **빼앗고**, 사람들을 공장으로 끌고 가 일을 시켰어요.

일본은 우리말 대신 일본어를 사용하게 했어요. 또한, 이름도 일본식으로 바꾸도록 강요하며 우리 민족을 **탄압**했어요.

수탈
收 거둘 수, 奪 빼앗을 탈

탄압
彈 탄알 탄, 壓 누를 압

일제 강점기
일제 강점기는 일본이 우리나라를 강제로 지배했던 시기예요. 이 기간 동안 우리 민

日 날 일, 帝 임금 제,
强 강할 강, 占 차지할 점, 期 기약할 기

獨 홀로 독, 立 설 립, 運 운전할 운, 動 움직일 동

독립운동
우리 민족은 어려운 상황 속에서도 나라를 되찾기 위해 끊임없이 독립운동을 펼쳤어요. 대표적으로 3·1 운동이 있어요.

식민지
植 심을 식, 民 백성 민, 地 땅 지

일제 강점기 동안 우리 민족은 일본의 식민지 정책으로 큰 시련을 겪었어요. 하지만 결국 우리는 독립을 이뤄냈지요.

다음 글을 읽으며, 빈칸에 들어갈 낱말을 낱말밭에서 찾아 써 보세요.

1905년, 일본의 이토 히로부미는 일본 군대를 동원해 고종이 있는 궁궐을 포위한 뒤 강제로 대한 제국의 외교권을 **빼앗는** 을사늑약을 맺었다. 1907년에는 고종을 대한 제국의 황제 자리에서 물러나게 하고, 군대를 해산시켰다. 그리고 1910년, 일본은 결국 우리나라를 **식민지**로 삼았다. 이때부터 1945년까지 35년간 **일제 강점기**가 이어졌다.

우리나라의 국권을 빼앗은 일본은 조선 총독부를 설치하고, 우리 민족의 정신을 없애기 위한 정책을 시행했다. 또한, 일본의 침략 전쟁에 필요한 식량과 물자를 **수탈**했다. 농사지을 땅을 빼앗고, 무기를 만들기 위해 솥, 놋그릇 등의 살림살이를 강제로 빼앗았다. 심지어 우리나라 사람들을 전쟁터로 끌고 가 강제 노동을 시키거나 일본군으로 싸우게 했다.

하지만 우리 민족은 일본의 수탈과 **탄압**에 그저 당하고만 있지 않았다. 1919년에는 3·1 운동과 같은 전국적인 만세 운동을 벌였고, 대한민국 임시 정부를 세워 지속적이고 다양한 **독립운동**를 펼쳤다. 이러한 노력의 결과로, 우리 민족은 1945년 8월 15일에 독립을 맞이하게 되었다.

사전 확인 ✓

* **일제 강점기** 1910년, 일본에 우리나라의 국권을 강제로 빼앗긴 이후 1945년 광복한 때까지의 기간. ☐

* **수탈** 강제로 빼앗음. ☐

* **탄압** 권력이나 무력으로 억지로 눌러 꼼짝 못 하게 함. ☐

* **독립운동** 일제 강점기에, 우리 민족이 독립하기 위하여 여러 가지 민족 운동을 하던 일. ☐

* **식민지** 정치적·경제적으로 다른 나라에 지배되어 국가로서의 주권이 없어진 나라. ☐

정답 및 해설 20쪽

사회 주제 06
낱말밭 일일학습

1단계 확인과 적용

01 다음 낱말의 뜻으로 알맞은 것을 보기에서 찾아 기호를 쓰세요.

보기
㉠ 권력이나 무력으로 억지로 눌러 꼼짝 못 하게 함.
㉡ 정치적·경제적으로 다른 나라에 지배되어 국가로서의 주권이 없어진 나라.
㉢ 1910년, 일본에 우리나라의 국권을 강제로 빼앗긴 이후 1945년 광복한 때까지의 기간.

(1) 탄압 (㉠) (2) 식민지 (㉡) (3) 일제 강점기 (㉢)

02 다음 문장의 빈칸에 들어갈 알맞은 낱말을 찾아 선으로 이으세요.

(1) ☐된 문화재가 아직도 해외 여러 박물관에 남아 있다. • ㉠ 수탈
(2) ☐에 살았던 예술가들은 일본에 저항하는 작품을 많이 만들었다. • ㉡ 탄압
(3) 안중근은 일본의 ☐을/를 받으면서도 독립에 대한 자신의 신념을 굳히지 않았다. • ㉢ 일제 강점기

03 다음 초성을 보고, 빈칸에 들어갈 알맞은 낱말을 쓰세요.

(1) ㅅ ㅁ ㅈ
✎ 서구의 강대국들은 힘이 약한 나라를 정복하여 (**식민지**)(으)로 삼았다.

(2) ㄷ ㄹ ㅇ ㄷ
✎ 우리나라의 독립을 위해 많은 사람들이 **독립운동**을/를 했다.

04 다음 밑줄 친 부분과 뜻이 비슷한 낱말로 알맞은 것은 무엇인가요? (⑤)

일제 강점기에는 조선 사람이면서도 일본에 빌붙어서 조선 사람들을 무력으로 괴롭히거나 재물을 빼앗은 친일파들이 존재했다. 1945년에 광복이 된 뒤에 이들은 법의 처벌을 받거나 사람들의 손가락질을 받았다.

① 경쟁 ② 분쟁 ③ 쇄국 ④ 수탈 ⑤ 탄압

해설 '⑤ 탄압'은 '권력이나 무력으로 억지로 눌러 꼼짝 못 하게 함.'이라는 뜻을 지닌 낱말이므로, 밑줄 친 부분과 뜻이 비슷합니다.

해설 조선 후기에 백성들의 수확물을 수탈하는 관리에 대한 글입니다. 빈칸에는 '강제로 빼앗음.'이라는 뜻의 '⑤ 수탈'이 들어가야 알맞습니다.

05 다음 빈칸에 공통으로 들어갈 낱말로 알맞은 것은 무엇인가요? (⑤)

조선 후기에는 주로 지방에서 옳지 못한 관리들이 이런저런 명목의 세금을 붙여서 백성이 피땀 흘려 얻은 수확물을 마구 ☐해 가는 경우가 많았다. 그렇게 모은 재물은 대부분 자신이 차지하였다. 중앙 정부에서는 이런 ☐ 행위를 막기 위해 암행어사를 보내 감시하기도 했으나 큰 효과는 없었다.

① 개항 ② 무역 ③ 수입 ④ 수출 ⑤ 수탈

06 다음 ㉠과 ㉡에 들어갈 알맞은 낱말을 보기에서 찾아 쓰세요.

보기
독립운동   일제 강점기

안창호는 ㉠에 조선인의 인권과 자주를 위해 신민회, 청년 학우회, 흥사단을 조직하고 평양에 대성 학교를 설립했다. 또한, 민족 대중 교육을 위해 신문을 창간하고, 상하이 임시 정부의 내무 총장으로 활동하며 ㉡을/를 이끌었다. 그는 일본의 감시를 피해 국민 의식을 일깨워 조선의 독립을 위해 노력했다.

(1) ㉠: (**일제 강점기**) (2) ㉡: (**독립운동**)

2단계 활용

해설 보기는 영국 기자 프레더릭 매켄지가 집필한 책의 내용입니다. 기자와 의병의 대화를 통해 의병의 독립 의지를 알 수 있습니다.

07 다음 보기의 내용을 참고하여, 조건에 맞게 문장을 만들어 쓰세요.

보기
기자: 당신들이 일본을 이길 수 있다고 생각합니까?
의병: 이기기 힘들다는 것을 압니다. 아마 싸우다 죽겠지요. 그러나 일본의 노예가 되어 사는 것보다 자유인으로 죽는 것이 낫습니다.
— 영국 기자 매켄지, 『대한 제국의 비극』
*의병: 외적의 침입을 물리치기 위하여 백성들이 자발적으로 조직한 군대 또는 그 군대의 병사.

조건
1. '의병'이 한 일을 설명할 것.
2. '독립운동'이라는 낱말을 사용할 것.

✎ (예) 의병들은 목숨을 바칠 각오로 일본에 맞서 독립운동을 했다.

사회 주제 07 6·25 전쟁으로 어떤 일이 생겼을까?

낱말밭

아바이 마을 사람은 전쟁을 피해 잠시 속초에 머물렀으나, 남북이 분단되면서 고향에 돌아가지 못하게 되었어요.

분단 分 나눌 분, 斷 끊을 단

북한과 남한, 그리고 유엔군을 대표하는 미국은 6·25 전쟁을 공식적으로 멈추기 위해 협정을 맺었어요.

협정 協 도울 협, 定 정할 정

전쟁 戰 싸울 전, 爭 다툴 쟁

강원도 속초에는 6·25 전쟁 당시 북한 함경도 지역에 가족을 남겨 두고 남쪽으로 내려온 사람들이 모여 살던 아바이 마을이 있어요.

휴전 休 쉴 휴, 戰 싸울 전

남한과 북한은 휴전을 했지만 고향으로 돌아갈 수 없었어요. 아바이 마을 사람들은 북쪽에 있는 가족과 헤어지게 되었지요.

이산 離 떠날 이, 散 흩을 산

아바이 마을 사람들은 고향 음식을 먹으며 이산의 슬픔을 달랬어요. 그래서 강원도 속초에는 아바이 순대와 함흥냉면이 유명해요.

다음 글을 읽으며, 빈칸에 들어갈 낱말을 낱말밭에서 찾아 써 보세요.

1950년 6월 25일 새벽 4시, 북한이 남한을 공격하면서 6·25 **전쟁**이 시작되었다. 국군은 온 힘을 다해 북한군에 맞섰으나, 북한군의 철저한 전쟁 준비로 인해 3일 만에 서울을 내주게 되었다. 국제 연합(UN)이 북한에 침략을 그만두라고 요구했으나 북한은 이를 무시하였다. 이후 국제 연합군이 6·25 전쟁에 참전하였다.

북한군의 공격에 밀려 낙동강 남쪽까지 후퇴했던 국군과 국제 연합군은 1950년 9월 15일, 인천 상륙 작전에 성공하면서 서울을 되찾고 압록강까지 나아갔다. 그러나 중국군이 북한 편에 서서 참전하면서 서울을 다시 빼앗기게 되었다. 이후 한반도를 가로지르는 38도선을 중심으로 치열한 전투가 계속되었다. 한편, 전쟁을 멈추기 위한 협상도 진행되었고, 마침내 1953년 7월 27일, 전쟁을 중단하겠다는 정전 **협정**이 이루어졌다. 이 협정으로 **휴전**이 되면서 250㎞에 이르는 휴전선과 군사 충돌을 막기 위한 비무장 지대가 만들어졌다.

이때부터 공식적으로 남북 **분단**이 시작되었으며, 지금까지 이어지고 있다. 6·25 전쟁으로 인해 많은 가족이 **이산**의 아픔을 겪었고, 국토와 산업 기반이 크게 파괴되었다.

낱말밭 사전

* **전쟁** 나라와 나라 또는 특정 집단끼리 무기와 군대를 사용하여 싸움.
* **분단** 처음에 하나였던 것을 동강이 나게 끊어 가름.
* **협정** 서로 의논하여 결정함.
* **휴전** 싸우던 두 나라가 합의하여 전쟁을 얼마 동안 멈추는 일.
* **이산** 헤어져 흩어짐.

사회 주제 07 낱말밭 일일학습

1단계 확인과 적용

01 다음 뜻을 가진 낱말을 보기에서 찾아 쓰세요.
보기: 전쟁 휴전
(1) 싸우던 두 나라가 합의하여 전쟁을 얼마 동안 멈추는 일. (휴전)
(2) 나라와 나라 또는 특정 집단끼리 무기와 군대를 사용하여 싸움. (전쟁)

02 다음 밑줄 친 낱말의 뜻으로 알맞은 것을 찾아 ○표 하세요.
남한과 북한의 분단이 길어지면서 서로의 언어가 조금씩 달라지고 있다.
① 서로 의논하여 결정함. ( )
② 처음에 하나였던 것을 동강이 나게 끊어 가름. (○)

03 다음 빈칸에 들어갈 낱말을 보기에 있는 글자 카드로 만들어 쓰세요.
보기: 정 전 휴 협
(1) 두 나라는 10년 동안의 전쟁 끝에 **휴전**을/를 했다.
(2) 우리나라와 일본은 동해에서의 어업에 관한 **협정**을/를 맺었다.

04 다음 문장에 어울리는 낱말을 찾아 ○표 하세요.
(1) 나는 제2차 세계 대전을 배경으로 한 (전쟁 / 협정) 영화를 봤다.
(2) 독일은 (분단 / 이산)의 영향으로 많은 가족이 서로 떨어져 살아야 했다.

05 다음 밑줄 친 부분과 뜻이 비슷한 낱말로 알맞은 것은 무엇인가요? (③)
우리 민족은 자신의 의지와는 상관없이 가족과 헤어져 흩어져 살아야 하는 상황을 여러 차례 겪었다. 일제 강점기에는 일본의 억압으로 많은 가족이 강제 이주하는 헤어짐을 겪었으며, 6·25 전쟁의 혼란 속에서 수많은 가족이 이별을 경험해야 했다.
① 분단 ② 수탈 ③ 이산 ④ 탄압 ⑤ 협정

해설
- 04 이 글은 '6·25 전쟁으로 인해 우리 민족이 가족과 헤어지고 흩어져 살아야 하는 상황'에 관한 내용이므로, 빈칸에는 '③ 이산'이 들어갑니다.
- 06 제1차 세계 대전 중에 영국과 독일 군인이 잠시 전투를 멈춘 일에 관한 내용이므로, '싸우던 두 나라가 합의하여 전쟁을 얼마 동안 멈추는 일.'이라는 뜻의 '⑤ 휴전'이 들어가야 알맞습니다.
- 07 ㉠에는 두 나라 간의 협의로 그만 끝내는 대상이 들어가야 하므로 '전쟁'이, ㉡은 나라 간에 평화를 약속하는 것이므로 '협정'이 들어가야 알맞습니다.

06 다음 빈칸에 공통으로 들어갈 낱말로 알맞은 것은 무엇인가요? (⑤)
제1차 세계 대전이 벌어지던 1914년 12월 24일과 25일 사이에 영국과 독일 군인들이 잠시 전투를 멈추고 □□했던 일이 있었다. 이날 군인들은 크리스마스를 기념하여 서로의 참호를 방문하거나 크리스마스 노래를 부르며 평화로운 시간을 보냈다. 이 임시 □□은/는 전쟁 중에도 서로를 이해하고 존중하는 마음을 보여 주는 사건으로 알려져 있다.
① 민주 ② 쇄국 ③ 전쟁 ④ 정치 ⑤ 휴전

07 다음 ㉠과 ㉡에 들어갈 알맞은 낱말을 보기에서 찾아 쓰세요.
보기: 이산 전쟁 협정
1953년에 남한과 북한이 ㉠을 중단한다는 ㉡을 맺으면서 한반도에 비무장 지대가 생겼다. 이곳은 남과 북으로 각각 2km 떨어져 있으며, 군사 시설이나 군인들이 배치되어 있지 않다. 비무장 지대는 오랫동안 일반인이 들어갈 수 없었기 때문에 자연환경이 잘 보존되어 있다. 이곳에는 멸종 위기 동물들이 서식하고 있으며, 다양한 식물들이 자라고 있다.
(1) ㉠: (전쟁) (2) ㉡: (협정)

2단계 활용

08 다음 보기와 같이 주어진 낱말을 넣어 짧은 문장을 만들어 쓰세요.
보기: 협정
우리나라는 여러 나라와 무역에 관한 협정을 맺고 있다.
(1) 분단
예 북한에 가족이 있는 사람들은 분단을 극복하고 통일이 이루어지기를 바란다.
(2) 이산
예 가족과 헤어지는 이산의 고통은 누구도 겪지 않아야 한다.

사회 주제 08 산업화의 결과에는 무엇이 있을까?

낱말밭

성장 成 이룰 성, 長 길 장
산업 혁명 덕분에 여러 가지 물건을 빠르게 생산할 수 있게 되었고, 이는 경제 성장으로 이어졌어요.

성과 成 이룰 성, 果 열매 과
공장에서 물건들을 대량으로 만들어내며 사회가 풍족해졌고, 이는 일부 사람들의 생활 수준이 높아지는 성과를 이루었어요.

산업화 産 낳을 산, 業 업 업, 化 될 화
18세기 중반, 증기 기관의 발명이 계기가 되어 영국을 중심으로 산업 혁명이 시작되었고 산업화가 진행되었지요.

양극화 兩 두 양, 極 지극할 극, 化 될 화
산업화는 공장을 소유한 자본가와 공장에서 기계처럼 일해야 하는 노동자 사이에 재산의 양극화 문제를 일으키기도 했어요.

한계점 限 한계 한, 界 경계 계, 點 점찍을 점
산업 혁명으로 석탄이나 석유와 같은 지하자원이 과도하게 사용되었고, 이로 인해 환경오염이라는 심각한 한계점이 드러났어요.

다음 글을 읽으며, 빈칸에 들어갈 낱말을 낱말밭에서 찾아 써 보세요.

우리나라는 6·25 전쟁이 일어난 1950년대에는 매우 가난했다. 그러나 1960년대 이후 정부가 주도한 **산업화**가 진행되면서 빠르게 가난에서 벗어났으며, 현재는 경제 규모가 세계 10위권에 이르렀다. 이는 전 세계에서 손꼽히는 빠른 **성장** 속도이다.

산업화는 경제적으로 국민 삶의 질을 높이는 **성과**을/를 가져왔다. 전국이 고속도로와 철도로 이어져 이동이 편리해졌고, 아파트 같은 공동 주택이 늘어났으며, 많은 가정에서 자동차를 소유하게 되었다. 국민도 이전보다 많은 여가 시간과 물질적 풍요를 누릴 수 있게 되었다.

하지만 산업화는 **한계점**도 드러냈다. 도시와 농촌 간의 지역 격차, 노동자와 사용자 간의 갈등, 빈부 격차 등 여러 가지 사회 문제가 나타났다. 특히 잘사는 사람과 그렇지 못한 사람 간의 차이가 벌어지면서 나타난 경제적 **양극화**는 사회적으로 큰 문제가 되고 있다. 이러한 문제를 해결하기 위해 국가 차원에서 노인 빈곤 문제 해결을 위한 기초 연금, 저임금 노동자의 생활 안정을 위한 최저 임금 인상 등의 다양한 정책을 시행하고 있다.

사전

* **산업화** 사람의 생활을 경제적으로 풍요롭게 하기 위한 여러 물건이나 서비스를 생산하는 일의 형태가 됨.
* **성장** 사물의 규모나 세력 등이 점점 커짐.
* **성과** 바람직하게 이루어 낸 결과.
* **양극화** 두 대상이 서로 점점 더 달라지고 멀어짐.
* **한계점** 능력이나 책임 등이 더 이상 미치지 못하는 막다른 지점.

사회 주제 08 낱말밭 일일학습

1단계 확인과 적용

01 다음 뜻을 가진 낱말을 보기에서 찾아 쓰세요.

보기
성과 성장 한계점

(1) 바람직하게 이루어 낸 결과. (**성과**)
(2) 사물의 규모나 세력 등이 점점 커짐. (**성장**)
(3) 능력이나 책임 등이 더 이상 미치지 못하는 막다른 지점. (**한계점**)

02 다음 문장의 빈칸에 들어갈 알맞은 낱말을 찾아 선으로 이으세요.

(1) □(으)로 인해 다양한 직업이 생겼다. · · ㉠ 산업화
(2) 일주일 넘게 내린 비로 인해 마을을 둘러싼 강물의 높이가 □에 이르렀다. · · ㉡ 양극화
(3) 디지털 기술의 발달이 디지털 사용자와 소외 계층의 □ 문제를 일으켰다. · · ㉢ 한계점

03 다음 문장에 어울리는 낱말을 찾아 ○표 하세요.

(1) 정부는 경제 (**성장**, 산업화)을/를 위해 다양한 정책을 시행한다.
(2) 이 영화는 주인공이 유명하지만 내용이 지루하다는 (성과, **한계점**)이/가 있다.
(3) 대도시와 소도시 간의 발전 차이로 인해 도시 (산업화, **양극화**)가 심화되고 있다.

04 다음 빈칸에 들어갈 낱말로 알맞은 것은 무엇인가요? (②)

6·25 전쟁 이후 70년이 지난 현재, 우리나라의 경제 규모는 4만 배, 1인당 국민 총소득은 약 500배 증가했다. 제2차 세계 대전 이후 식민지에서 벗어난 국가 중 경제적으로 선진국에 진입한 나라는 우리나라가 유일하다. 이 성장은 우리나라의 뛰어난 경제적 □을/를 보여 준다.

① 목적 ② 성과 ③ 전쟁 ④ 산업화 ⑤ 한계점

해설 이 글은 '우리나라의 경제 성장으로 인해 얻은 경제적 결과'에 관한 내용이므로, 빈칸에는 '② 성과'가 들어가야 알맞습니다.

05 다음 빈칸에 공통으로 들어갈 낱말로 알맞은 것은 무엇인가요? (④)

상민: 뉴스에서 교육의 □ 현상이 심해졌다는 말을 들었는데, 이게 무슨 말이야?
이현: 교육의 □은/는 돈이 많을수록 더 좋은 교육을 받고, 가난할수록 그렇지 못한 현상을 의미해.
상민: 그러면 문제가 되지 않아? 누구나 자신이 원하는 교육을 받을 권리가 있잖아.
이현: 그렇지. 그래서 정부가 나서서 이를 해결하려고 노력하고 있어.

① 성장 ② 탄압 ③ 협정 ④ 양극화 ⑤ 한계점

해설 '돈이 많을수록 더 좋은 교육을 받고, 가난할수록 그렇지 못한 현상을 의미해.'라는 이현이의 말을 통해, 빈칸에는 '두 대상이 서로 점점 더 달라지고 멀어짐.'이라는 뜻의 '④ 양극화'가 들어가야 알맞습니다.

06 다음 ㉠~㉤ 중에서 낱말의 쓰임이 알맞지 않은 것은 무엇인가요? (④)

우리나라는 정부와 국민이 힘을 합쳐 국가 발전을 추구한 ㉠산업화를 거치면서 눈부신 경제 ㉡성장을 이루었다. 하지만 그 과정에서 돈이 무엇이든 마음대로 할 수 있다는 황금만능주의, 빈부 격차의 심화로 인한 ㉢양극화, 전통문화에 대한 무시 등과 같은 ㉣성과도 나타났다. 이러한 문제들은 오로지 경제 발전만 추구한 데서 비롯된 ㉤한계점이라고 할 수 있다.

① ㉠ ② ㉡ ③ ㉢ ④ ㉣ ⑤ ㉤

해설 '㉣ 성과'는 '바람직하게 이루어 낸 결과.'라는 뜻이므로, 문제를 제시하고 있는 문장 내용과 어울리지 않습니다. 따라서 '성과'가 아니라 '한계점'과 같은 낱말이 적당합니다.

2단계 활용

07 다음 보기와 같이 주어진 낱말을 넣어 짧은 문장을 만들어 쓰세요.

보기
성과
✏ 열심히 노력한 만큼 반드시 좋은 성과가 있을 것이다.

(1) 산업화
✏ 예 우리나라는 산업화 과정에서 기계 관련 업종 등 새로운 직종들이 많이 생겨났다.

(2) 한계점
✏ 예 그의 인내심이 친구의 무례한 태도로 인해 한계점에 이르렀다.

공부한 날짜 [월] [일]

05~08 낱말밭 주간학습

01 다음 문장의 빈칸에 들어갈 낱말을 보기에서 찾아 쓰세요.

보기
성과   쇄국   조약

(1) 이 나라는 (쇄국) 정책을 통해 외부와의 교류를 막았다.

(2) 운동선수들은 이번 경기에서 뛰어난 (성과)을/를 보여주었다.

(3) 일 년을 넘게 싸우던 두 나라는 서로 침략하지 않겠다는 (협정)을/를 맺었다.

02 다음 문장 중에 어울리는 낱말을 찾아 ○표 하세요.

(1) 조선 시대에 (개화 / 문물)의 영향으로 서양의 의학 지식이 도입되었다.

(2) 어떠한 경우에도 한반도에서 다시 (전쟁 / 협정)이 발발하는 것은 막아야 한다.

(3) 일본의 가혹한 (탄압 / 쇄국) 때문에 많은 조선인이 중국이나 러시아로 떠났다.

해설
지윤이가 말한 문장의 밑줄 친 부분에는 '헤어져 흩어짐.'이라는 뜻의 '이산'이 들어가야 알맞습니다.

03 다음 중 밑줄 친 낱말을 바르게 사용하여 말한 친구의 이름을 쓰세요.

할아버지께서는 6·25 때 가족과 헤어지는 협정의 아픔을 겪었다고 하셨어.
지윤

과거에 여러 유럽 국가가 아프리카를 식민지로 삼아 자원을 착취했어.
규원

(규원)

해설
밑줄 친 부분은 인간과 세균의 생명을 건 싸움을 의미하므로, '나라와 나라 또는 특정 집단끼리 무기와 군대를 사용하여 싸움.'이라는 뜻의 '④ 전쟁'이라는 낱말과 바꾸어 쓸 수 있습니다.

04 다음 밑줄 친 낱말과 바꾸어 쓸 수 있는 낱말로 알맞은 것은 무엇인가요? (④)

1928년에 알렉산더 플레밍이 페니실린을 발견하면서 세균을 효과적으로 죽일 수 있는 항생제가 만들어졌다. 그러나 일부 세균들은 가만히 당하지 않고 항생제를 이겨내는 능력을 갖추게 되었다. 인류는 다시 그 세균에 맞서 싸울 수 있는 새로운 항생제를 개발했고, 또다시 세균은 새로운 항생제를 이겨낼 수 있도록 스스로를 변형시켰다. 인간과 세균 간의 투쟁은 지금도 치열하게 벌어지고 있다.

① 개항   ② 분단   ③ 수탈   ④ 전쟁   ⑤ 협정

정답 및 해설 23쪽

해설
이 글은 김옥균이 조선의 발전을 위해 서양 문물을 도입하는 등의 근대화를 추진하자는 내용입니다. 그러므로 ㉠이 가리키는 낱말은 '새로운 사상, 문물, 제도 등을 받아들여 이전과는 다른 생각을 하게 됨.'이라는 뜻의 '① 개화'입니다.

05 다음 ㉠이 가리키는 낱말로 알맞은 것은 무엇인가요? (①)

조선 시대 말기, 일부 개혁적인 지식인들은 조선의 발전을 위해 '㉠이것'을 주장했다. 대표적으로 김옥균은 서양의 문물을 도입하고 근대화를 추진하려 했으나, 당시 조선 사회의 보수적인 사람들에 부딪혀 그의 주장은 받아들여지지 않았다.

① 개화   ② 성과   ③ 탄압   ④ 협정   ⑤ 산업화

06 다음 빈칸에 들어갈 낱말로 알맞은 것은 무엇인가요? (⑤)

1932년, 중국 상하이의 훙커우 공원에서 윤봉길이라는 조선인이 일본군 대장에게 폭탄을 던진 사건이 발생했다. 이 사건이 일어난 이유를 모르는 외국인은 이를 '테러'라고 비판할 수도 있다. 하지만 당시의 시대적 흐름에서 보면, 이 사건은 □□□□ 시기에 일본의 착취와 탄압 속에서 고통스럽게 살아야 했던 우리 민족의 분노와 독립을 향한 바람을 드러낸 의로운 행동으로 평가된다.

① 이산   ② 전쟁   ③ 휴전   ④ 산업화   ⑤ 일제 강점기

07 다음 빈칸에 공통으로 들어갈 낱말로 알맞은 것은 무엇인가요? (⑤)

유관순은 1919년 3·1 운동 당시 중요한 역할을 한 독립운동가이다. 그녀는 만세 운동을 하다가 일본 경찰에 체포되어 고문을 받았지만, 독립 의지를 굽히지 않았다. 유관순의 용기와 희생은 당시 □□□□에 큰 영향을 미쳤다. 현재 유관순의 이름은 여러 기념관에 남아 있는데, 대표적으로 천안 유관순 기념관에 그녀의 □□□□ 활동과 생애에 관한 자료가 보관되어 있다.

① 분단   ② 쇄국   ③ 식민지   ④ 양극화   ⑤ 독립운동

해설
밑줄 친 낱말은 '사물의 규모나 세력 등이 점점 커짐.'이라는 뜻의 '성장'과 비슷합니다.

08 다음 밑줄 친 낱말과 뜻이 비슷한 낱말을 이 글에서 찾아 두 글자로 쓰세요.

우리나라는 1950년대까지는 농업과 어업 위주였지만, 1960년대에는 산업화가 시작되면서 신발, 가발, 섬유나 옷과 같은 경공업에 치중했다. 이후 1970년대에는 철강, 석유 화학, 기계, 조선 등의 중공업이 발전했고, 1980년대에는 자동차와 전자 제품 산업이 성장했다. 1990년대 이후에는 자동차와 반도체 산업에 힘을 쏟았으며, 최근에는 드라마나 영화와 같은 문화 산업이 세계적 수준으로 발전했다.

(성장)

[09~11] 다음 글을 읽고, 물음에 답하세요.

우리나라의 현대사

많은 역사학자가 우리나라 현대사의 시작을 1945년 8월 15일로 본다. 이날은 우리나라가 일본의 식민지에서 벗어난 날이다. 1910년부터 1945년까지 이어진 일제 강점기에 우리 민족은 일본의 무자비한 탄압과 경제적 ⓒ수탈로 모진 수난을 겪었다. 그러나 우리 민족은 독립에 대한 꿈을 포기하지 않았고, 결국 광복을 맞이했다.

하지만 광복 이후, 우리 민족은 서로 다른 생각 때문에 남과 북으로 갈라졌고 1950년에는 6·25 전쟁이라는 큰 전쟁이 일어나게 되었다. 약 3년 1개월 동안 벌어진 전쟁은 심각한 상처를 남긴 채 1953년 7월 27일, 정전 협정을 통해 휴전되었다. 이후 우리나라는 휴전선을 중심으로 남한과 북한으로 ⓒ나뉘어졌다.

전쟁이 끝났을 때, 우리나라는 전 세계에서 가장 가난한 나라 중 하나였다. 하지만 1960년 이후 진행된 ㉠□□을/를 통해 매우 빠른 속도로 경제 성장을 이루었고, 현재는 세계 10위권의 경제력을 가진 나라가 되었다.

요즘 우리 사회는 공동체 정신이 많이 사라졌고, 상대보다 앞서야 한다는 경쟁이 심해졌다. 또한, 국민 간에 빈부 격차로 인해 ㉡□□되는 현상도 나타났다. 이처럼 사회적 갈등이 심해지면 구성원들 간의 화합이 어려워질 수 있다. 따라서 경제 성장을 추구하되, 이러한 갈등을 줄이기 위해 노력해야 할 것이다.

해설
②는 '성과', ③은 '양극화', ④는 '탄압', ⑤는 '한계점'의 뜻입니다.

09 ⓒ의 뜻으로 알맞은 것은 무엇인가요? (①)

① 강제로 빼앗음.
② 바람직하게 이루어 낸 결과.
③ 두 대상이 서로 점점 더 달라지고 멀어짐.
④ 권력이나 무력으로 억지로 눌러 꼼짝 못 하게 함.
⑤ 능력이나 책임 등이 더 이상 미치지 못하는 마디른 지점.

해설
'매우 빠른 속도로 경제 성장을 이루었다.'라는 내용을 통해 ㉠에는 '산업화'가, '국민 간에 빈부 격차'라는 내용을 통해 ㉡에는 '양극화'가 들어가야 알맞습니다.

10 ⓒ과 뜻이 비슷한 낱말로 알맞은 것은 무엇인가요? (②)

① 개화   ② 분단   ③ 성과   ④ 수탈   ⑤ 탄압

11 ㉠와 ㉡에 들어갈 낱말을 바르게 짝 지은 것은 무엇인가요? (②)

① ㉠: 산업화 - ㉡: 성장
② ㉠: 산업화 - ㉡: 양극화
③ ㉠: 양극화 - ㉡: 성과
④ ㉠: 양극화 - ㉡: 탄압
⑤ ㉠: 한계점 - ㉡: 산업화

디지털 속 한 문장

정답 및 해설 23쪽

다음을 보고, 독립운동이라는 낱말을 넣어 독립운동가에 관련된 글을 써 보세요.

#독립운동 #김좌진
오늘 나는 청산리 대첩에 관한 영화를 봤다. 대한독립군이 일본군에게 승리한 내용이 정말 멋있었다. 특히 김좌진 장군의 용감한 모습이 기억에 남았다. 독립운동을 위해 노력한 선조들 덕분에 오늘날 우리가 이렇게 자유롭게 살 수 있는 것 같다.

✏예 일제 강점기에 많은 독립운동가가 나라의 자유를 위해 독립운동을 했다. 우리는 그들의 용기와 희생을 잊지 말아야 한다.

과학
주제 **01 우리 몸의 배설 기관은 무슨 일을 할까?**

낱말밭

사람이 음식을 먹으면 우리 몸은 필요한 물질과 에너지를 얻고, 오줌과 같은 배설물을 통해 몸 밖으로 내보내요.

배 설
扒 물리칠 배, 泄 샐 설

우리 몸은 오줌 외에도 땀이나 날숨을 통해 노폐물을 내보내는데, 그 종류에 따라 내보내지는 방법이 달라요.

노 폐 물
老 늙을 노, 廢 폐할 폐, 物 만물 물

기 관
器 그릇 기, 官 벼슬 관

우리 몸은 여러 기관으로 이루어져 있어요. 이 기관들은 각자의 역할을 하며 건강을 유지해요.

콩 팥
오줌은 콩팥에서 만들어져요. 이 과정에서 노폐물과 물이 함께 배출되고, 몸에 필요한 성분들은 다시 흡수돼요.

나는 콩팥이야
신장이라고도 불러!

방 광
膀 오줌통 방, 胱 오줌통 광

오줌은 방광에서 저장되었다가 일정량이 차면 몸 밖으로 나가게 돼요. 이 배설 과정을 통해 우리 몸은 건강을 지킬 수 있어요.

다음 글을 읽으며, 빈칸에 들어갈 낱말을 낱말밭에서 찾아 써 보세요.

사람은 몸을 구성하고 있는 여러 **기관**이 원활하게 작용해야 생명을 유지할 수 있다. 각 기관은 서로 영향을 주고받기 때문에 한 기관에서 문제가 생기면 다른 기관에도 문제가 생긴다.

산소를 얻고 이산화 탄소를 내보내는 숨쉬기는 코, 기관(숨통), 기관지, 폐 등의 호흡 기관을 통해 이루어진다. 그리고 음식물을 먹어서 영양소를 얻는 일은 소화 기관을 통해 이루어진다. 소화 기관에는 입, 식도, 위, 작은창자, 큰창자, 항문 등이 있다. 산소와 영양소는 혈액을 통해 몸속 구석구석에 공급된다. 혈액이 온몸을 도는 일은 순환 기관을 통해 이루어진다. 심장에서 나온 혈액이 혈관을 따라 온몸을 거쳐 다시 심장으로 돌아오는 순환 과정은 살아 있는 동안 계속 반복된다. 그런데 산소와 영양소를 이용하여 몸에 필요한 에너지를 만들어 내는 과정에서 **노폐물**이 생기는데, 이를 그냥 두면 몸에 해로울 수 있다. 혈액 속에 있는 찌꺼기를 몸 밖으로 내보내는 것을 **배설**이라고 하며, 이는 **콩팥**과 **방광** 등의 배설 기관을 통해 이루어진다. 한편, 시각, 청각, 후각, 미각, 촉각 등과 같은 외부의 자극은 눈, 귀, 코, 혀, 피부 등의 감각 기관을 통해 느낄 수 있다.

**낱말밭
사전**

확인 ✓

* **기관** 일정한 모양과 생물이 살아가는 데 필요한 기능을 가지고 있으면서 생물의 몸을 구성하는 부분. ☐

* **배설** 혈액 속의 영양분을 흡수하고 남은 찌꺼기를 몸 밖으로 내보내는 일. ☐

* **노폐물** 몸속에서 만들어진 여러 물질 중에 몸에 필요하지 않은 것. ☐

* **콩팥** 몸속에 생긴 혈액의 찌꺼기를 걸러내어 오줌을 만드는 장기. ☐

* **방광** 몸속에서 오줌을 저장하였다가 몸 밖으로 내보내는 주머니 모양의 장기. ☐

과학
주제 **01
낱말밭
일일학습**

**1
단계   확인과 적용**

01 다음 낱말의 뜻으로 알맞은 것을 보기에서 찾아 기호를 쓰세요.

보기
⊙ 몸속에서 만들어진 여러 물질 중에 몸에 필요하지 않은 것.
ⓒ 몸속에 생긴 혈액의 찌꺼기를 걸러내어 오줌을 만드는 장기.
ⓒ 몸속에서 오줌을 저장하였다가 몸 밖으로 내보내는 주머니 모양의 장기.

(1) 방광 (ⓒ)   (2) 콩팥 (ⓒ)   (3) 노폐물 (⊙)

02 다음 빈칸에 들어갈 낱말을 보기에서 찾아 쓰세요.

보기
기관   콩팥

(1) 우리가 잠을 자고 있을 때도 몸속의 여러 (**기관**)은 작동을 멈추지 않는다.
(2) (**콩팥**)은 혈액에서 노폐물을 걸러내어 소변을 만드는 중요한 역할을 한다.

03 다음 초성을 보고, 빈칸에 들어갈 알맞은 낱말을 쓰세요.

(1) ㅂ ㄱ
✎ 그는 오랫동안 소변을 참아서 (**방광**)이/가 터질 것 같았다.

(2) ㄴ ㅍ ㅁ
✎ 반신욕은 몸속의 (**노폐물**)을/를 몸 밖으로 내보내는 데 도움이 된다.

해설
'배설'은 '혈액 속의 영양분을 흡수하고 남은 찌꺼기를 몸 밖으로 내보내는 일.'을 뜻합니다. 그러므로 빈칸에는 '② 배설'이 들어가야 알맞습니다.

04 다음 빈칸에 들어갈 낱말로 알맞은 것은 무엇인가요? (②)

음식물을 통해 몸 안에 들어온 탄수화물은 소화 과정을 거치면서 포도당이라는 성분으로 분해된다. 그런데 몸의 기능에 이상이 생기면 포도당이 몸 안에서 제대로 흡수되지 않고 오줌으로 ◯◯될 수 있다. 이러한 상태를 '당뇨'라고 한다.

① 건조   ② 배설   ③ 성장   ④ 유지   ⑤ 축소

해설 ●05
문장의 밑줄 친 '기관'은 '일정한 모양과 생물이 살아가는 데 필요한 기능을 가지고 있으면서 생물의 몸을 구성하는 부분.'이므로, ③에 들어가야 합니다. ①에는 '노폐물'이, ②에는 '콩팥'이 들어가야 합니다.

해설
오줌보는 '방광'을 일상적으로 이르는 말입니다. 그러므로 '방광'으로 바꾸어 쓸 수 있습니다.

05 다음 밑줄 친 낱말과 같은 낱말이 들어갈 문장에 ◯표 하세요.

폐는 우리 몸의 호흡 기관 중 하나이다.

① 물을 많이 마시면 몸에 있던 ◯◯◯의 배출이 원활해진다. ( )
② ◯◯에 문제가 생기면 소변의 색깔이나 양이 평소와 다를 수 있다. ( )
③ 뇌는 신경 세포들이 서로 연결되어 우리가 보고 듣고 느낀 정보를 처리하는 ◯◯ (이)다. (◯)

06 다음 밑줄 친 낱말과 바꾸어 쓸 수 있는 낱말을 보기에서 찾아 쓰세요.

보기
방광   배설   콩팥

사람들이 오줌보라고 부르는 장기는 속이 빈 주머니 모양의 근육이다. 이 근육의 힘이 약해지면 오줌 누는 것을 조절하기 어려워질 수 있다. 예를 들어, 소변이 자주 새는 문제가 생길 수 있다. 이러한 현상은 주로 나이가 많은 노인에게서 나타나며, 이는 근육이 약해져서 생기는 자연스러운 변화이다.

(**방광**)

**2
단계   활용**

07 다음 보기의 그림을 보고, 조건에 맞게 문장을 만들어 쓰세요.

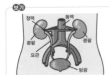

보기
정맥
콩팥
요관
방광

조건
1. '콩팥', '방광'이라는 두 낱말을 모두 사용할 것.
2. '콩팥'과 '방광'의 개수를 넣어서 문장을 만들 것.

예 두 개의 콩팥과 한 개의 방광은 요관을 통해 이어져 있다.

과학 주제 02 **동물 세포와 식물 세포의 다른 점은 무엇일까?**

공부한 날짜 월 일
정답 및 해설 25쪽

다음 글을 읽으며, 빈칸에 들어갈 낱말을 낱말밭에서 찾아 써 보세요.

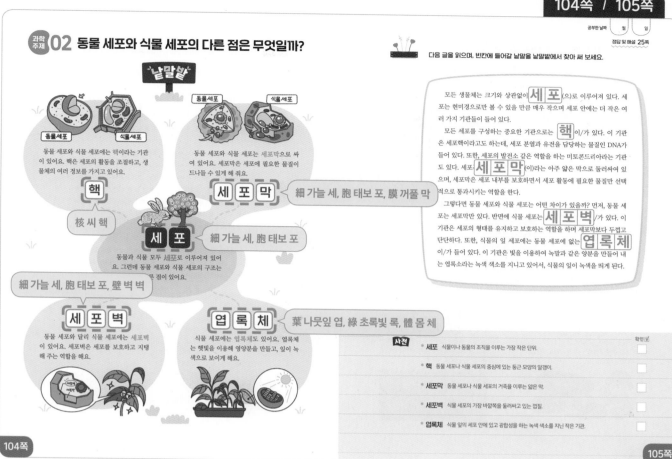

낱말밭

동물세포 식물세포

동물세포 식물세포

동물 세포와 식물 세포에는 핵이라는 기관이 있어요. 핵은 세포의 활동을 조절하고, 생물체의 여러 정보를 가지고 있어요.

동물 세포와 식물 세포는 세포막으로 싸여 있어요. 세포막은 세포에 필요한 물질이 드나들 수 있게 해 줘요.

핵
核 씨 핵

세포막
細 가늘 세, 胞 태보 포, 膜 꺼풀 막

세포
細 가늘 세, 胞 태보 포

동물과 식물 모두 세포로 이루어져 있어요. 그런데 동물 세포와 식물 세포의 구조는 차이가 있어요.

細 가늘 세, 胞 태보 포, 壁 벽 벽

세포벽
동물 세포와 달리 식물 세포에는 세포벽이 있어요. 세포벽은 세포를 보호하고 지탱해 주는 역할을 해요.

엽록체
葉 나뭇잎 엽, 綠 초록빛 록, 體 몸 체
식물 세포에는 엽록체도 있어요. 엽록체는 햇빛을 이용해 영양분을 만들고, 잎이 녹색으로 보이게 해요.

모든 생물체는 크기와 상관없이 **세포** (으)로 이루어져 있다. 세포는 현미경으로만 볼 수 있을 만큼 매우 작으며 세포 안에는 더 작은 여러 가지 기관들이 들어 있다.

모든 세포를 구성하는 중요한 기관으로는 **핵** 이/가 있다. 이 기관은 세포핵이라고도 하는데, 세포 분열과 유전을 담당하는 물질인 DNA가 들어 있다. 또한, 세포의 발전소 같은 역할을 하는 미토콘드리아라는 기관도 있다. 세포는 **세포막** (이)라는 아주 얇은 막으로 둘러싸여 있으며, 세포막은 세포 내부를 보호하면서 세포 활동에 필요한 물질만 선택적으로 통과시키는 역할을 한다.

그렇다면 동물 세포와 식물 세포는 어떤 차이가 있을까? 먼저, 동물 세포는 세포막만 있다. 반면에 식물 세포는 **세포벽** 가 있다. 이 기관은 세포의 형태를 유지하고 보호하는 역할을 하며 세포막보다 두껍고 단단하다. 또한, 식물의 잎 세포에는 동물 세포에 없는 **엽록체** 이/가 들어 있다. 이 기관은 빛을 이용하여 녹말과 같은 양분을 만들어 내는 엽록소라는 녹색 색소를 지니고 있어서, 식물의 잎이 녹색을 띠게 된다.

사전

확인 ☑

* **세포** 식물이나 동물의 조직을 이루는 가장 작은 단위. ☐

* **핵** 동물 세포나 식물 세포의 중심에 있는 둥근 모양의 알갱이. ☐

* **세포막** 동물 세포나 식물 세포의 거죽을 이루는 얇은 막. ☐

* **세포벽** 식물 세포의 가장 바깥쪽을 둘러싸고 있는 껍질. ☐

* **엽록체** 식물 잎의 세포 안에 있고 광합성을 하는 녹색 색소를 지닌 작은 기관. ☐

과학 주제 02
낱말밭 일일학습

정답 및 해설 25쪽

1단계 확인과 적용

01 다음 뜻을 가진 낱말을 보기에서 찾아 쓰세요.

보기
세포   세포벽

(1) 식물 세포의 가장 바깥쪽을 둘러싸고 있는 껍질. (세포벽)

(2) 식물이나 동물의 조직을 이루는 가장 작은 단위. (세포)

02 다음 밑줄 친 낱말의 뜻으로 알맞은 것을 찾아 ○표 하세요.

식물의 잎은 엽록체가 있어서 스스로 영양분을 만들 수 있다.

① 몸속에서 만들어진 여러 물질 중에 몸에 필요하지 않은 것. ( )

② 식물 잎의 세포 안에 있고, 광합성을 하는 녹색 색소를 지닌 작은 기관. (○)

03 다음 빈칸에 들어갈 낱말을 보기에서 찾아 쓰세요.

보기
핵   세포벽   엽록체

(1) (엽록체)이/가 손상된 식물은 광합성을 제대로 할 수 없다.

(2) (핵)은/는 세포의 중심에서 유전 정보를 저장하며 세포 기능을 조절한다.

(3) 식물의 (세포벽)은/는 세포의 내용물을 보호하고 구조를 유지하는 역할을 한다.

04 다음 빈칸에 공통으로 들어갈 낱말로 알맞은 것은 무엇인가요? (②)

현재 전 세계에서 가장 큰 나무의 높이는 약 83.8미터이다. 이 거대한 나무는 사실 눈에 보이지 않을 정도로 작은 ☐들로 이루어져 있다. 이러한 ☐들은 단독으로는 매우 작은 크기이지만, 엄청나게 많은 수가 쌓이고 연결되어 마치 아파트 40층 높이의 큰 생명체를 이루게 되는 것이다.

① 핵 ② 세포 ③ 세포막 ④ 세포벽 ⑤ 엽록체

해설
 빈칸에 공통으로 '큰 나무의 조직을 이루는 가장 작은 단위'의 뜻을 가진 낱말이 들어가야 하므로 '② 세포'가 알맞습니다.

해설
이 글은 식물이 광합성을 하는 과정에 관한 설명입니다. 빈칸에는 '식물 잎의 세포 안에 있고 광합성을 하는 녹색 색소를 지닌 작은 기관.'이라는 뜻의 '엽록체'가 들어가야 알맞습니다.

해설
㉠에는 식물을 이루는 작은 요소라는 뜻을 지닌 낱말이 들어가야 합니다. 따라서 ㉠에는 '식물이나 동물의 조직을 이루는 가장 작은 단위.'라는 뜻의 '세포'가 들어가야 알맞습니다.

05 다음 빈칸에 들어갈 알맞은 낱말을 보기에서 찾아 쓰세요.

보기
세포막   세포벽   엽록체

식물은 빛과 물, 이산화 탄소 등을 이용하여 스스로 양분을 만드는데, 이를 광합성이라고 한다. 광합성은 식물의 잎에 있는 ☐에서 주로 일어나며, 이 과정에서 만들어진 녹말 같은 영양분은 줄기를 통해 뿌리와 꽃 등 식물 곳곳으로 이동한다. 이때 남은 영양분은 뿌리나 줄기에 저장되어, 식물이 필요로 할 때 다시 사용된다.

(엽록체)

06 다음 ㉠~㉤ 중 낱말의 쓰임이 알맞지 않은 것은 무엇인가요? (①)

식물 ㉠기관은 식물을 이루는 작은 요소이다. 식물 세포의 바깥쪽에는 ㉡세포막이 있어서 세포를 보호하며, ㉢세포벽은 세포가 더 튼튼하도록 지지한다. 세포의 가운데에는 세포의 중요한 정보를 담고 있는 ㉣핵이 있다. 또한, 식물 세포에는 ㉤엽록체가 있어서 햇빛을 이용해 식물이 살아갈 수 있는 영양분을 만든다. 이 모든 부분이 함께 작용하면서 식물이 잘 자랄 수도 있도록 돕는다.

① ㉠ ② ㉡ ③ ㉢ ④ ㉣ ⑤ ㉤

2단계 활용

07 다음 보기와 같이 주어진 낱말을 넣어 짧은 문장을 만들어 쓰세요.

보기
세포벽
✎ 세포벽은 세포를 외부로부터 보호하고 세포의 모양을 유지하도록 한다.

(1) 핵
✎ 예 핵은 모든 세포에 있으며 세포의 중요한 유전 정보를 담고 있다.

(2) 세포막
✎ 예 나는 현미경으로 세포와 세포의 외부를 구분하는 세포막을 관찰했다.

공부한 날짜   월   일
정답 및 해설 26쪽

과학 주제 03 화석으로 무엇을 알 수 있을까?

낱말밭

공룡은 아주 오래전 지구에 살았던 생물이
예요. 우리는 화석을 통해 공룡과 같은 여러
고생물들의 모습을 짐작해 볼 수 있어요.

고생물

古 옛 고, 生 날 생, 物 만물 물

준하는 공룡의 유해를 찾아 연구하면서,
아직까지 발견되지 않은 새로운 공룡을 찾아
보고 싶어요.

유해

遺 남길 유, 骸 뼈 해

화석

化 될 화, 石 돌 석

준하는 공룡을 좋아해요. 그래서 어른이 되
면 공룡 화석을 연구하는 학자가 되어 공룡
에 대해 더 깊이 알고 싶어요.

痕 흉터 흔, 跡 자취 적

흔적

준하는 공룡의 알, 배설물, 발자국과 같은
흔적을 통해 공룡이 어떻게 살았는지를 알
아내고 싶어요.

지층

地 땅 지, 層 층 층

준하는 지층을 연구하면서 진흙이나 모래
같은 퇴적물 속에서 화석을 찾아 공룡이 살
던 과거를 밝혀낼 거예요.

다음 글을 읽으며, 빈칸에 들어갈 낱말을 낱말밭에서 찾아 써 보세요.

우리가 박물관이나 책에서 본 공룡의 뼈는 실제 뼈가 아니라 뼈 모양의 **화석**(이)다. 화석은 공룡처럼 아주 오래전에 지구상에서 살았던 **고생물**을/를 알 수 있는 자료 중 하나이다. 공룡을 비롯해 매머드, 물고기, 잠자리, 파리, 나무, 고사리 등 다양한 생물의 자취가 화석으로 남아 있다.

죽은 생물의 몸체가 화석이 되려면 여러 조건이 충족되어야 한다. 먼저, 죽은 동식물은 호수나 바다의 바닥으로 운반되어야 한다. 이때 그 몸체에 단단하거나 질긴 부분이 있어야 한다. 그리고 몸체가 썩기 전에 진흙이나 모래, 자갈 같은 퇴적물로 덮여야 하며, 오랜 시간 보존되어야 한다. 이후 시간이 흐르면서 점차 여러 광물이 스며들어 뼈나 껍데기, 줄기나 잎맥 같은 부분이 화석이 된다. 이런 점 때문에 화석은 대부분 퇴적물이 쌓여 형성된 **지층** 속에서 발견된다. 동물의 **유해**뿐만 아니라 발자국이나 배설물 같은 생활 **흔적**도 화석이 된다.

화석을 통해 우리는 아주 오래전에 살았던 생물들의 종류와 형태, 진화 과정, 화석이 발견된 장소의 예전 환경 등을 알 수 있다. 예를 들어, 산에서 물고기 화석이 발견되면 그곳이 예전에는 바다였다고 추측할 수 있다.

낱말밭 사전

확인 ✓

* **화석** 아주 옛날에 살았던 생물의 뼈나 흔적이 암석이나 지층 속에 남아 있는 것. ☐
* **고생물** 아주 옛날에 살았던 동물과 식물. ☐
* **유해** 죽은 생물의 몸이나 뼈. ☐
* **흔적** 어떤 것이 없어졌거나 지나간 뒤에 남은 자국이나 자취. ☐
* **지층** 오랜 세월이 흐르는 동안 자갈이나 흙 등이 쌓여 층을 이루면서 돌처럼 굳어진 것. ☐

과학 주제 03
낱말밭 일일학습

정답 및 해설 26쪽

1단계   확인과 적용

01 다음 낱말의 뜻으로 알맞은 것을 보기에서 찾아 기호를 쓰세요.

보기
㉠ 아주 옛날에 살았던 동물과 식물.
㉡ 어떤 것이 없어졌거나 지나간 뒤에 남은 자국이나 자취.
㉢ 아주 옛날에 살았던 생물의 뼈나 흔적이 암석이나 지층 속에 남아 있는 것.

(1) 화석 (㉢)   (2) 흔적 (㉡)   (3) 고생물 (㉠)

02 다음 빈칸에 들어갈 낱말을 보기에 있는 글자 카드로 만들어 쓰세요.

보기
고   지   물   층   생

(1) 공룡과 같은 거대 (**고생물**)의 멸종 원인은 아직 밝혀지지 않았다.
(2) (**지층**)의 각 층은 서로 다른 시기에 형성된 퇴적물로 이루어져 있다.

03 다음 문장에 어울리는 낱말을 찾아 ○표 하세요.

(1) 홍수로 인해 논밭의 작물이 (유해 (흔적)) 도 없이 사라졌다.
(2) 암석 속에서 오래전의 곤충으로 보이는 (지층 (화석))을 발견했다.
(3) 이 지역의 (유해 (지층))을/를 보면 과거에 바다였음을 알 수 있다.
(4) 이곳에서 발견된 ((유해) 지층)은/는 수천 년 전의 동물일 것으로 보인다.

해설
자원이는 '전쟁으로 사망한 군인의 뼈를 발굴하는 것'에 대해 말하고 있으므로, 밑줄 친 부분에는 '지층' 대신에 '죽은 생물의 몸이나 뼈.'라는 뜻의 '유해'가 들어가야 합니다.

04 다음 중 밑줄 친 낱말을 바르게 사용하여 말한 친구의 이름을 쓰세요.

자원: 전쟁으로 사망한 군인의 지층을 발굴하고 있어.

다나: 전쟁터에서 발견된 총탄 자국은 격렬한 전투의 흔적을 보여 주지.

(다나)

해설
'약 3억 년 전에 고대 숲에서 많이 살았었다.'라는 내용으로 볼 때, 빈칸에는 '고생물'이 들어가야 합니다.

05 다음 빈칸에 들어갈 알맞은 낱말을 보기에서 찾아 쓰세요.

보기
지층   화석   고생물

비늘 나무와 같은 ☐은 약 3억 전 고대 숲에서 많이 살았다. 이 식물들은 죽은 후 진흙 등의 퇴적물 속에 묻혀 시간이 지나서 압축되고 형태가 변화하여 석탄으로 변형되었다. 이 고대 식물들의 잔해가 변해서 만들어진 석탄은 에너지 자원으로 사용되고 있다.

(고생물)

해설
'남은 뼈'는 '죽은 동물을 불에 태우고 나서 남은 뼈'를 말합니다. 그러므로 밑줄 친 부분과 바꾸어 쓸 수 있는 낱말은 ① 유해'입니다.

06 다음 밑줄 부분과 바꾸어 쓸 수 있는 낱말로 알맞은 것은 무엇인가요? (①)

2024년 4월, '동물 현충원'이 문을 열었다. 현충원이 국가에 공을 세운 사람들의 묘지인 것처럼 동물 현충원은 국가를 위해 헌신한 동물들의 묘지이다. 자격이 있는 동물이 죽어서 동물 현충원에 오게 되면, 예의를 다해 태극기로 감싸고 불에 태운다. 이 과정이 끝나면 남은 뼈를 가루로 만들어서 나무 상자에 넣고 정해진 장소에 묻는다.

① 유해   ② 지층   ③ 화석   ④ 흔적   ⑤ 고생물

2단계   활용

07 다음 보기와 같이 주어진 낱말을 넣어 짧은 문장을 쓰세요.

보기
흔적
✎ 화산 폭발로 마을이 사라졌지만, 그 흔적은 여전히 남아 있다.

(1) 지층
✎ 예 지층의 구조를 보면 지각 변동이 있었는지를 알 수 있다.

(2) 화석
✎ 예 발자국 화석은 고대 동물의 이동 경로를 파악하는 데 도움을 준다.

26 달콤한 문해력 초등 어휘 6단계

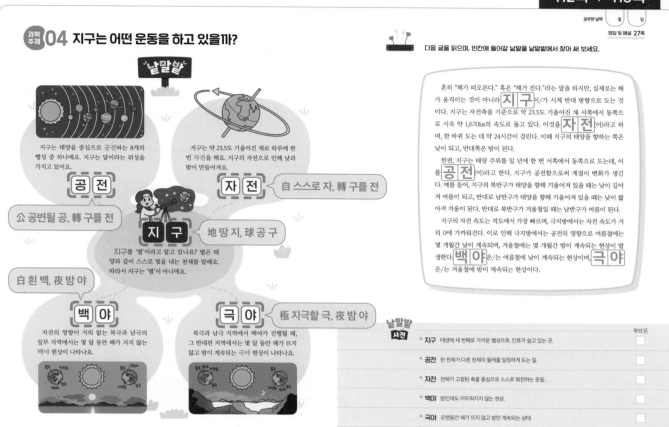

04 낱말밭 일일학습

1단계 확인과 적용

01 다음 뜻을 가진 낱말을 보기에서 찾아 쓰세요.

보기: 공전 백야 지구

(1) 밤인데도 어두워지지 않는 현상. (백야)
(2) 한 천체가 다른 천체의 둘레를 일정하게 도는 일. (공전)
(3) 태양에 세 번째로 가까운 행성으로, 인류가 살고 있는 곳. (지구)

02 다음 빈칸에 들어갈 낱말을 보기에서 찾아 쓰세요.

보기: 극야 지구

(1) (극야)가 시작되면 태양을 보지 못해 낮과 밤의 구분이 어렵다.
(2) 수백 년 전까지도 사람들은 태양이 (지구) 주위를 돈다고 생각했다.

03 다음 문장의 빈칸에 들어갈 낱말을 찾아 선으로 이으세요.

(1) 위성은 행성의 둘레를 [ ]하는 천체이다. — ㉠ 공전
(2) 지구는 약 23시간 56분마다 한 바퀴 [ ]한다. — ㉡ 자전
(3) 과학자들은 [ ] 밖에서도 생명체가 존재할 가능성을 연구하고 있다. — ㉢ 지구

04 다음 빈칸에 공통으로 들어갈 낱말로 알맞은 것은 무엇인가요? (④)

어느 날 갑자기 지구의 [ ]이/가 멈춘다면 어떤 일이 벌어질까? 지구가 [ ]을/를 멈추는 순간, 지구 표면에 있는 모든 것이 시속 1,670km의 속도로 동쪽을 향해 날아갈 것이다. 이는 지구가 자전축을 기준으로 서쪽에서 동쪽으로 회전하기 때문이다. 이러한 급격한 변화는 지구에 엄청난 지진과 해일을 일으킬 수 있다.

① 공전 ② 극야 ③ 백야 ④ 자전 ⑤ 화석

05 다음 ㉠과 ㉡에 들어갈 알맞은 낱말을 바르게 짝 지은 것은 무엇인가요? (③)

달은 스스로 한 바퀴 회전하는 운동인 ㉠에 약 27.3일이 걸린다. 또한, 달이 지구를 한 바퀴 도는 운동인 ㉡에도 약 27.3일이 걸린다. 즉, ㉠ 주기와 ㉡ 주기가 동일하다. 이 때문에 지구에서 달을 보면 언제나 한쪽 면만 보게 된다. 따라서 지구에서는 어느 곳에서도 달의 뒷면을 볼 수 없다.

① ㉠: 공전 - ㉡: 극야 ② ㉠: 공전 - ㉡: 자전 ③ ㉠: 자전 - ㉡: 공전 ④ ㉠: 자전 - ㉡: 백야 ⑤ ㉠: 자전 - ㉡: 흔적

06 다음 ㉠과 ㉡에 들어갈 알맞은 낱말을 보기에서 찾아 쓰세요.

보기: 극야 백야 자전

핀란드는 북위 60~70°에 위치해 있으며, 나라의 1/3이 북극권에 속해 있다. 이로 인해 핀란드 북부 지역에서는 여름에 70일 이상 밤이 되어도 어두워지지 않는 ㉠ 현상이 발생한다. 반면에 겨울에는 몇 달 동안 해가 뜨지 않는 ㉡ 현상도 일어난다. 이러한 현상은 지구의 자전축이 기울어져 있기 때문에 발생하며, 특히 북극권 내의 국가들에서 뚜렷하게 나타난다.

(1) ㉠: (백야) (2) ㉡: (극야)

2단계 활용

07 다음 보기의 내용을 참고하여, 조건에 맞게 문장을 만들어 쓰세요.

조건
1. 왼쪽의 그림을 통해 알 수 있는 내용을 설명할 것.
2. '백야'와 '극야'라는 두 낱말을 모두 사용할 것.

예) 백야와 극야는 남극과 북극 같은 극지방에서 나타난다.

과학 주제 01~04 낱말밭 주간학습

정답 및 해설 28쪽

01 다음 문장의 빈칸에 들어갈 낱말을 찾아 선으로 이으세요.

(1) 사춘기 때에는 신체 _____의 변화가 눈에 띄게 나타난다.   • ⊙ 기관

(2) _____은/는 식물의 생존을 가능하게 하는 핵심 요소이다.   • ⊙ 배설

(3) 사람은 음식을 먹고 나서 적절한 _____을/를 못하면 건강을 해친다.   • ⊙ 엽록체

02 다음 초성을 보고, 빈칸에 들어갈 알맞은 낱말을 쓰세요.

(1) ㅈ ㄱ

✎ 옛날에 사람들은 (지구)이/가 둥글지 않고 평평하다고 생각하기도 했다.

(2) ㄴ ㅍ ㅁ

✎ 우리 몸에서 필요 없는 (노폐물)은/는 땀이나 오줌의 형태로 몸에 내보내진다.

03 다음 문장에 어울리는 낱말을 찾아 ○표 하세요.

(1) (세포 콩팥)은 노폐물을 걸러 오줌으로 내보낸다.

(2) 경주에는 신라의 (유해 흔적)이/가 곳곳에 남아있다.

(3) 겨울철 알래스카에서는 (극야 백야) 현상으로 낮에도 어두운 상태가 된다.

해설 '신장'은 '콩팥'을 이르는 한자어입니다. 따라서 '신장'을 ③ 콩팥으로 바꾸어 쓸 수 있습니다.

04 다음 밑줄 친 낱말과 바꾸어 쓸 수 있는 낱말로 알맞은 것은 무엇인가요? (③)

우리 몸에는 여러 가지 장기가 있다. 대부분의 장기는 다른 사람에게 이식할 수 있는데, 그중에서도 몸속의 불필요한 물질을 몸 밖으로 배출하는 신장이 가장 많이 이식된다. 이 장기가 손상되면, 몸 안에 과도한 수분과 노폐물이 쌓여서 심각한 건강 문제를 일으킬 수 있다.

① 방광   ② 배설   ③ 콩팥   ④ 세포막   ⑤ 세포벽

05 다음 ⊙이 가리키는 낱말로 알맞은 것은 무엇인가요? (④)

동물 세포의 '이것'은 모양을 유연하게 바꿀 수 있어 세포의 이동을 돕는다. 또한, 물질의 출입을 조절하고 세포 신호 전달과 세포 간 상호작용을 원활하게 할 수 있도록 한다. 이러한 특성 덕분에 동물 세포는 복잡한 조직과 기관에서 효율적으로 기능할 수 있다.

① 기관   ② 백야   ③ 세포벽   ④ 세포막   ⑤ 엽록체

해설 '소변을 저장하는 근육질의 장기.'라는 내용을 통해 빈칸에 공통으로 ③ 방광이 들어가야 한다는 것을 알 수 있습니다.

06 다음 빈칸에 공통으로 들어갈 낱말로 알맞은 것은 무엇인가요? (③)

_____은/는 소변을 저장하는 근육질의 장기이다. _____이/가 저장할 수 있는 소변의 최대량은 성인 남성과 여성 간의 큰 차이 없이 약 400~700cc 정도이다. _____에 소변이 250~300cc 정도 차면 소변이 마려워진다. 일반적으로 성인의 몸에서는 하루에 약 1,500~2,000cc 정도의 소변이 만들어진다.

① 핵   ② 기관   ③ 방광   ④ 세포   ⑤ 노폐물

해설 '아주 오래전 지구에는 지금은 찾아볼 수 없는 다양한 동물과 식물이 살았다.'라는 문장을 통해 ⓒ에는 '핵' 대신에 '아주 옛날에 살았던 동물과 식물.'이라는 뜻의 '고생물'이 들어가야 한다는 것을 알 수 있습니다.

07 다음 ⊙~ⓒ 중 낱말의 쓰임이 알맞지 않은 것은 무엇인가요? (②)

아주 오래전 ⊙지구에는 지금은 찾아볼 수 없는 다양한 동물과 식물이 살았다. 이러한 ⓒ핵은 죽으면 대부분 다른 동물에게 먹히거나 미생물에 의해 분해되어 형체가 사라졌다. 그런데 죽은 동식물이 퇴적 작용이 활발한 지역에 퇴적물과 함께 묻히게 되면 단단하거나 매우 질긴 부분이 보존되기도 했다. 이러한 생물의 ⓒ유해나 ⓔ흔적이 오랜 세월을 거치면서 돌처럼 굳은 것을 ⓕ화석이라고 한다.

① ⊙   ② ⓒ   ③ ⓒ   ④ ⓔ   ⑤ ⓕ

08 다음 빈칸에 들어갈 낱말로 알맞은 것은 무엇인가요? (④)

뉴턴의 만유인력 법칙에 따르면, 지구는 _____하면서 원심력과 중력의 균형을 유지한다. 지구가 하루에 한 번 스스로 한 바퀴를 돌 때, 물체가 지구의 중심에서 멀어지려는 힘인 원심력을 경험하게 된다. 그러나 모든 물체는 지구의 중심으로 끌어당기는 힘인 중력이 원심력에 의해 물체가 튕겨지는 것을 잡아준다. 그래서 지구는 두 힘의 균형을 이루며 계속 회전할 수 있다.

① 공전   ② 극야   ③ 백야   ④ 자전   ⑤ 흔적

[09~11] 다음 글을 읽고, 물음에 답하세요.

세균과 바이러스

과학자들이 ⊙지구의 지표면 아래에 쌓인 퇴적물들의 층을 연구한 결과, 지구의 나이는 약 45억 년으로 추정된다. 최초의 식물이 육지에 나타난 시기는 약 4억 5,000만 년 전으로, 이는 식물 화석을 통해 확인되었다. 그런데 세균과 바이러스는 약 35억 년 전부터 지구에 존재했을 것으로 여겨지며, 초기 생명체 중 하나라고 볼 수 있다.

세균과 바이러스는 둘 다 아주 작은 미생물이면서 질병을 일으킬 수 있다는 점은 같지만, 구조와 생명 활동 방식이 완전히 다르다. 세균은 세포막과 세포벽, 핵, 세포질 등의 여러 기관으로 구성된 세포다. 반면에 바이러스는 다른 모든 생물 세포에 있는 핵 대신에 유전 정보가 담긴 핵산이라는 물질과 이를 둘러싼 단백질로 구성된 단순한 구조이다. 따라서 세포라고 볼 수 없다.

세균은 스스로 양분을 섭취하여 소화와 배설 등의 생명 활동을 한다. 그러나 바이러스는 살아 있는 세포 안에서 기생하며 그 세포의 기관과 에너지를 이용해 자신을 복제하는데, 이때 대상이 되는 생물체를 숙주라고 한다. 사람을 비롯하여 지구상의 모든 동물과 식물, 심지어는 곰팡이와 세균 같은 미생물의 세포까지 숙주로 이용된다.

해설 ⊙은 '오랜 세월이 흐르는 동안 자갈이나 흙 등에 쌓여 층을 이루면서 돌처럼 굳어진 것.'이라는 뜻의 ④ 지층과 바꾸어 쓸 수 있습니다.

09 ⊙과 바꾸어 쓸 수 있는 낱말로 알맞은 것은 무엇인가요? (④)

① 기관   ② 물질   ③ 배설   ④ 지층   ⑤ 화석

해설 이 글의 내용을 보면 세균은 세포 기관을 모두 갖춘 독립된 세포이지만, 바이러스는 그렇지 못하다는 것을 알 수 있습니다. 그러므로 빈칸에 공통으로 ③ 세포가 들어가야 합니다.

10 다음 뜻을 가진 낱말을 윗글에서 찾아 세 글자로 쓰세요.

식물 세포의 가장 바깥쪽을 둘러싸고 있는 껍질.

(세포벽)

11 다음은 윗글을 정리한 문장입니다. 빈칸에 공통으로 들어갈 낱말로 알맞은 것은 무엇인가요? (③)

세균과 바이러스는 모두 질병을 일으키는 미생물이지만 세균은 독립된 _____(이)라서 스스로 증식할 수 있고, 바이러스는 완전한 _____이/가 아니라서 스스로 증식할 수 없다.

＊증식: 생물이나 조직 세포 등이 세포 분열을 하여 그 수를 늘려 가는 일.

① 공전   ② 극야   ③ 세포   ④ 노폐물   ⑤ 세포벽

디지털 속 한 문장

정답 및 해설 28쪽

다음을 보고, 백야라는 낱말을 넣어 ⊙에 들어갈 대화 글을 써 보세요.

이모, 러시아에서 잘 지내고 있어요?

응. 나는 잘 지내고 있어. 여기는 지금 백야 기간이어서 밤인데도 낮처럼 밝아. 하지만 풍경은 정말 아름다워.

✎ 예 백야 기간에는 밤인데도 어두워지지 않는군요. 그래도 백야 현상을 직접 보면 멋있을 것 같아요.

공부한 날짜   월   일

정답 및 해설 29쪽

과학 주제 05 빛은 어떤 특징을 가지고 있을까?

날말밭

빛은 직진하는 성질을 가지고 있어요. 예를 들어, 어두운 곳에서 레이저를 쏘면 빛이 곧게 나가는 것을 확인할 수 있어요.

직진
直 곧을 직, 進 나아갈 진

태양 같은 광원에서 나오는 빛은 공기 중에서는 직진하지만, 물이나 유리 등 다른 성질의 물질을 만나면 그 방향이 바뀌어요.

광원
光 빛 광, 源 근원 원

빛

물이 담긴 컵에 빨대를 넣으면 빨대가 꺾여 보이는 현상이 있어요. 이는 빛의 성질 때문이에요.

반사
反 돌이킬 반, 射 쏠 사

빨대에 빛이 닿으면 일부가 반사되어 우리의 눈에 들어오고, 우리는 그 빛을 통해 빨대의 모양을 알 수 있어요.

굴절
屈 굽을 굴, 折 꺾을 절

물이 담긴 컵 속 빨대가 꺾여 보이는 이유는 빛이 물의 표면에서 굴절된 후에 '물속의 빨대에 닿아 반사되기 때문이지요.

이건
빨대구나!

다음 글을 읽으며, 빈칸에 들어갈 낱말을 낱말밭에서 찾아 써 보세요.

지구에서 **빛** 이/가 사라진다면 대부분의 생물은 살아남기 어려울 것이다. 지구에 가장 많은 빛을 보내는 것은 태양이다. 태양은 매우 강한 빛과 열을 내보내는데, 이처럼 스스로 빛을 내는 물체를 **광원** (이)라고 한다. 손전등이나 전구 같은 것도 광원이다.

광원에서 나온 빛은 곧게 나아가는 성질이 있다. 즉, 성질이 같은 물질 내에서는 방향을 바꾸지 않고 **직진** 한다. 어두운 밤길에 손전등을 켜 보면 이 원리를 확인할 수 있다. 그러나 직진하던 빛이 어떤 물체에 닿으면 방향이 반대로 바뀌는데, 이를 빛의 **반사** (이)라고 한다. 물체에 닿아 반사된 빛을 통해 우리는 그 물체의 모양과 색깔을 알 수 있게 된다. 거울은 빛의 반사를 이용하여 물체의 모습을 비춘다. 또한, 밤에 달이 밝게 보이는 이유는 달이 스스로 빛을 내서가 아니라 태양의 빛을 반사하기 때문이다.

한편, 공기 속을 직진하던 빛이 물이나 렌즈, 프리즘 같은 성질이 다른 물질을 만나면 그 경계면에서 방향이 꺾인다. 이를 빛의 **굴절** (이)라고 한다. 물속에서 다리가 짧게 보이는 것은 빛이 굴절되었기 때문이다.

날말밭 사전   확인 ☑

* **빛** 우리 눈을 자극하여 물체를 볼 수 있게 하는 일종의 전자파.   ☐

* **직진** 곧게 나아감.   ☐

* **광원** 제 스스로 빛을 내는 물체.   ☐

* **반사** 한 방향으로 나아가던 빛이나 소리 등이 다른 물체에 부딪쳐서 나아가던 방향을 반대로 바꾸는 현상.   ☐

* **굴절** 빛이나 소리 등이 직진하다가 서로 다른 물질의 경계면을 지나면서 방향이 꺾이는 현상.   ☐

정답 및 해설 29쪽

과학 주제 05 날말밭 일일학습

1단계   확인과 적용

01 다음 낱말의 뜻으로 알맞은 것을 보기에서 찾아 기호를 쓰세요.

보기
ㄱ 곧게 나아감.
ㄴ 제 스스로 빛을 내는 물체.
ㄷ 우리 눈을 자극하여 물체를 볼 수 있게 하는 일종의 전자파.

(1) 빛 (ㄷ)   (2) 광원 (ㄴ)   (3) 직진 (ㄱ)

02 다음 빈칸에 들어갈 낱말을 보기에 있는 글자 카드로 만들어 쓰세요.

보기
광   반   빛   사   원

(1) 강물에 햇빛이 (**반사**)되어 물이 반짝거렸다.
(2) 벽 틈으로 들어온 (**빛**) 덕분에 창고가 어둡지 않았다.
(3) 요즘 전등은 대부분 엘이디(LED)를 (**광원**)(으)로 사용한다.

03 다음 초성을 보고, 빈칸에 들어갈 알맞은 낱말을 쓰세요.

(1) ㅂㅅ
✏ 거울에 빛이 너무 강하게 (**반사**)되어 눈이 부셨다.

(2) ㅈㅈ
✏ 길이 (**직진**)(으)로 곧게 뻗어 있어서 방향을 쉽게 찾을 수 있었다.

04 다음 밑줄 친 부분과 뜻이 비슷한 낱말로 알맞은 것을 찾아 ○표 하세요.

볼록 렌즈는 가운데가 가장자리보다 두꺼운 렌즈이다. 볼록 렌즈를 통해 물체를 보면 실제보다 크게 보이거나 뒤집혀 보일 수 있다. 이는 물체에서 반사된 빛이 우리 눈에 들어오는 과정에서 볼록 렌즈를 통과할 때 방향이 꺾이기 때문이다.

(광원 , (굴절) , 자전)

해설 ······· 05

'태양이나 전등'이라는 내용을 통해 빈칸에 공통으로 들어갈 '제 스스로 빛을 내는 물체'라는 뜻의 '② 광원'이 들어가야 한다는 것을 알 수 있습니다.

해설 ·······

이 글은 공기 중을 나아가던 햇빛이 프리즘을 만나 방향이 꺾이는 현상을 설명하고 있습니다. 그러므로 ㉠에는 '직진', ㉡에는 '굴절'이 들어가야 알맞습니다.

---

05 다음 빈칸에 공통으로 들어갈 낱말로 알맞은 것은 무엇인가요? (②)

태양이나 전등과 같은 [   ]에서 나와 공기 중을 나아가던 빛이 책이나 손과 같은 불투명한 물체에 닿으면, 빛이 물체를 통과할 수 없어 그 물체의 뒷면에 그림자가 생긴다. 이때 물체와 [   ] 사이의 거리에 따라 그림자의 크기가 달라진다. 즉, 물체와 [   ] 사이의 거리가 멀수록 그림자가 작아지고, 물체와 [   ] 사이의 거리가 가까울수록 그림자가 커진다.

① 공전   ② 광원   ③ 극야   ④ 반사   ⑤ 직진

06 다음 ㉠과 ㉡에 들어갈 알맞은 낱말을 보기에서 찾아 쓰세요.

보기
공원   굴절   직진

햇빛이 프리즘을 통과하면 무지개색으로 나열되어 보인다. 햇빛은 여러 가지 색깔을 나타내는 다양한 파장으로 구성되어 있다. 이러한 햇빛이 공기 중을 ㉠ 하다가 프리즘을 만나 통과할 때, 프리즘의 표면에서 빛의 방향이 ㉡ 된다. 이때 색깔에 따라 빛의 ㉢ 정도가 달라지기 때문에, 여러 색깔이 서로 다른 방향으로 흩어져서 우리 눈에는 한 줄로 나열된 것처럼 보이는 것이다.

(1) ㉠: (**직진**)   (2) ㉡: (**굴절**)

2단계   활용

07 다음 보기의 낱말 중 두 개를 골라서 짧은 문장을 만들어 쓰세요.

보기
빛   굴절   반사   직진

(1) 낱말 예 빛, 굴절
문장 예 망원경은 빛의 굴절을 이용하여 먼 곳을 보는 도구이다.

(2) 낱말 예 반사, 직진
문장 예 햇빛이 물에 반사되어 직진 방향으로 퍼져 나갔다.

해설 ······

밑줄 친 부분은 직진하던 빛이 볼록 렌즈를 통과하면서 방향이 꺾인다는 것이므로, '빛이나 소리 등이 직진하다가 서로 다른 물질의 경계면을 지나면서 방향이 꺾이는 현상.'이라는 뜻의 '굴절'과 뜻이 비슷합니다.

과학 주제 06 전류는 어떻게 흐를까?

공부한 날짜   월   일

정답 및 해설 30쪽

리모컨에는 보통 2개의 건전지를 넣어요. 이때 건전지의 (+)극과 (-)극이 맞물리도록 직렬로 연결해야 해요.

직렬

直 곧을 직, 列 벌일 렬

실수로 리모컨에 같은 극끼리 맞물리도록 병렬로 건전지를 넣으면, 전류가 제대로 흐르지 않아서 리모컨이 작동하지 않아요.

병렬   並 아우를 병, 列 벌일 렬

전류   電 번개 전, 流 흐를 류

리모컨은 멀리서 기계를 작동시킬 수 있게 하는 장치예요. 리모컨에 건전지를 넣으면 전류가 흐르고 리모컨이 작동해요.

導 이끌 도, 體 몸 체

도체

리모컨에 건전지를 넣는 부분은 한쪽이 튀어나와 있고, 다른 한쪽은 용수철 모양이에요. 둘 다 전기가 흐르는 도체로 되어 있어요.

부도체   不 아니 부, 導 이끌 도, 體 몸 체

리모컨의 겉 부분은 전기가 통하지 않는 부도체로 되어 있어요. 그래서 건전지의 전기가 우리 몸으로 들어올 수 없어요.

다음 글을 읽으며, 빈칸에 들어갈 낱말을 낱말밭에서 찾아 써 보세요.

전기 회로는 전기 부품들을 서로 연결하여 전기가 흐르도록 만든 통로이다. 전기 회로가 있는 모든 전기 기구에는 전지처럼 전기를 공급하는 장치가 필요하다.

텔레비전 리모컨이나 디지털 잠금장치는 두 개 이상의 전지를 사용하는 전기 기구이다. 이때 전지들을 연결하는 방식으로, 서로 다른 극끼리 연결하는 **직렬** 와/과 같은 극끼리 연결하는 **병렬** 이/가 있다. 두 개 이상의 전지를 사용해 전구에 빛이 들어오게 하는 전기 회로에서 전지를 직렬로 연결하면 병렬로 연결한 것보다 전구의 빛이 더 밝다. 이는 직렬 방식의 전기 회로에 흐르는 **전류** 이/가 더 크다는 것을 뜻한다. 같은 전기 회로에서 전지를 병렬로 연결하면, 전구의 빛은 전지 하나를 연결한 것과 비슷하지만 전지를 더 오래 사용할 수 있다.

한편, 모든 물질은 전기가 잘 통하는지에 따라 두 가지로 나눌 수 있다. 철, 구리, 알루미늄, 물 등과 같이 전기가 잘 통하는 물질을 **도체** 이라 한다. 반면에 나무, 고무, 유리, 플라스틱 등과 같이 전기가 잘 통하지 않는 물질을 **부도체** 라 한다. 일반적인 전기 기구에는 도체와 부도체가 모두 사용된다.

확인 ✓

사전

* **전류** 전기 회로에서 흐르는 전기.
* **직렬** 전기 회로에서 전지 등의 극을 다른 극끼리 일렬로 연결하는 일.
* **병렬** 전기 회로에서 전지 등의 극을 같은 극끼리 나란히 연결하는 일.
* **도체** 열 또는 전기가 잘 통하는 물질.
* **부도체** 열 또는 전기가 거의 통하지 않는 물질.

과학 주제 06 낱말밭 일일학습

정답 및 해설 30쪽

1단계 확인과 적용

01 다음 뜻을 가진 낱말을 보기에서 찾아 쓰세요.

보기
전류   직렬

(1) 전기 회로에서 흐르는 전기. (전류)
(2) 전기 회로에서 전지 등의 극을 다른 극끼리 일렬로 연결하는 일. (직렬)

해설 ②는 '부도체'의 뜻입니다.

02 다음 밑줄 친 낱말의 뜻으로 알맞은 것을 찾아 ○표 하세요.

전지의 (+)극과 (-)극을 도체로 연결하면 전기가 흐른다.

① 열 또는 전기가 잘 통하는 물질. (○)
② 열 또는 전기가 거의 통하지 않는 물질. ( )

03 다음 문장에 어울리는 낱말을 찾아 ○표 하세요.

(1) 두 전지가 같은 극끼리 (병렬 / 직렬)로 연결되면 전압은 같다.
(2) 전선의 (도체 / 부도체) 부분은 구리나 알루미늄으로 만들어진다.
(3) 콘센트에는 항상 (빛 / 전류)이/가 흐르기 때문에 감전에 주의해야 한다.

해설 밑줄 친 부분과 바꾸어 쓸 수 있는 낱말은 '열 또는 전기가 거의 통하지 않는 물질.'이라는 뜻의 '⑤ 부도체'입니다.

04 다음 밑줄 친 부분과 바꾸어 쓸 수 있는 낱말로 알맞은 것은 무엇인가요? (⑤)

전기는 물질 속에 있는 전자라는 아주 작은 알갱이가 이동하는 것을 말한다. 그리고 이런 전기가 흐르는 것을 전류라 한다. 그런데 물질 중에는 고무나 플라스틱 등과 같이 물질 속을 이동할 수 있는 전자가 아주 적게 들어 있어서 전류가 흐르기 어려운 물질이 있다. 이러한 물질은 가전제품을 만들 때 전기가 통하지 않도록 하여 사람을 보호하는 역할을 한다.

① 굴절   ② 반사   ③ 도체   ④ 직렬   ⑤ 부도체

05 다음 ⊙과 ⓒ에 들어갈 알맞은 낱말을 바르게 짝 지은 것은 무엇인가요? (②)

디지털 기기의 부품으로 사용되는 반도체는 철이나 구리 같은 ⊙ 처럼 항상 전기가 통하는 것도 아니고, 고무나 플라스틱 같은 ⓒ 처럼 전기가 전혀 통하지 않는 것도 아닌 물질이다. 반도체는 ⊙ 와/과 ⓒ 의 중간 정도의 성질을 지닌다. 반도체는 특정 조건에 따라 전기가 통하는 정도가 달라지는데, 낮은 온도에서는 전기가 잘 통하지 않지만 높은 온도에서는 전기가 잘 통한다.

① ⊙: 도체 – ⓒ: 직렬   ② ⊙: 도체 – ⓒ: 부도체   ③ ⊙: 병렬 – ⓒ: 직렬
④ ⊙: 직렬 – ⓒ: 병렬   ⑤ ⊙: 직렬 – ⓒ: 부도체

해설 이 글은 직렬의 연결 방식을 설명하고 있습니다. 그러므로 빈칸에는 '전기 회로에서 전지 등의 극이 다른 극끼리 일렬로 연결하는 일.'이라는 뜻의 '④ 직렬'이 들어가야 알맞습니다.

06 다음 빈칸에 들어갈 낱말로 알맞은 것은 무엇인가요? (④)

전선을 물이 흐르는 파이프로, 전지를 일정한 양의 물이 담긴 물통으로, 전류를 파이프 속을 흐르는 물로 생각해 보자. 여러 개의 물통을 하나의 파이프로 곧게 연결하면, 이는 전지 회로에서 전지들이 서로 다른 극끼리 일렬로 연결된 ____ 연결 방식과 같다. 이때 모든 물통 속의 물이 동시에 흐르면, 파이프에 많은 물이 한꺼번에 들어가 세차게 흐르게 된다. 이는 전지 한 개를 사용했을 때보다 더 많은 전류가 흐르는 것과 같은 현상이다.

① 반사   ② 병렬   ③ 전류   ④ 직렬   ⑤ 직전

2단계 활용

07 다음 보기의 내용을 참고하여, 조건에 맞는 문장을 만들어 쓰세요.

보기
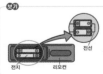
전지   리모컨   전선

조건
1. 왼쪽에 제시된 리모컨의 전지 연결 방식을 설명할 것.
2. '전류', '직렬'이라는 두 낱말을 사용할 것.

(예) 리모컨은 두 개의 전지가 직렬로 연결되어 전류를 공급한다.

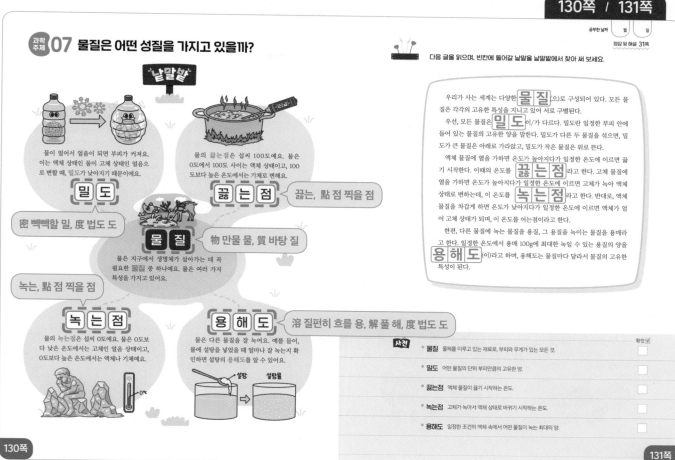

과학주제 07 물질은 어떤 성질을 가지고 있을까?

날말밭

밀 도
물이 얼어서 얼음이 되면 부피가 커져요. 이는 액체 상태인 물이 고체 상태인 얼음으로 변할 때, 밀도가 낮아지기 때문이에요.

密 빽빽할 밀, 度 법도 도

끓 는 점
물의 끓는점은 섭씨 100도예요. 물은 0도에서 100도 사이는 액체 상태이고, 100도보다 높은 온도에서는 기체로 변해요.

끓는, 點 점 찍을 점

물 질
물은 지구에서 생명체가 살아가는 데 꼭 필요한 물질 중 하나예요. 물은 여러 가지 특성을 가지고 있어요.

物 만물 물, 質 바탕 질

녹 는 점
물의 녹는점은 섭씨 0도예요. 물은 0도보다 낮은 온도에서는 고체인 얼음 상태이고, 0도보다 높은 온도에서는 액체나 기체예요.

녹는, 點 점 찍을 점

용 해 도
물은 다른 물질을 잘 녹여요. 예를 들어, 물에 설탕을 넣었을 때 얼마나 잘 녹는지 확인하면 설탕의 용해도를 알 수 있어요.

溶 질편히 흐를 용, 解 풀 해, 度 법도 도

설탕 → 설탕물

다음 글을 읽으며, 빈칸에 들어갈 날말을 날말밭에서 찾아 써 보세요.

정답 및 해설 31쪽

우리가 사는 세계는 다양한 **물질**(으)로 구성되어 있다. 모든 물질은 각각의 고유한 특성을 지니고 있어 서로 구별된다.

우선, 모든 물질은 **밀도**이/가 다르다. 밀도란 일정한 부피 안에 들어 있는 물질의 고유한 양을 말한다. 밀도가 다른 두 물질을 섞으면, 밀도가 큰 물질은 아래로 가라앉고, 밀도가 작은 물질은 위로 뜬다.

액체 물질에 열을 가하면 온도가 높아지다가 일정한 온도에 이르면 끓기 시작한다. 이때의 온도를 **끓는점**이라고 한다. 고체 물질에 열을 가하면 온도가 높아지다가 일정한 온도에 이르면 고체가 녹아 액체 상태로 변하는데, 이 온도를 **녹는점**이라고 한다. 반대로, 액체 물질을 차갑게 하면 온도가 낮아지다가 일정한 온도에 이르면 액체가 얼어 고체 상태가 되며, 이 온도를 어는점이라고 한다.

한편, 다른 물질에 녹는 물질을 용질, 그 용질을 녹이는 물질을 용매라고 한다. 일정한 온도에서 용매 100g에 최대로 녹일 수 있는 용질의 양을 **용해도**(이)라고 하며, 용해도는 물질마다 달라서 물질의 고유한 특성이 된다.

사전

		확인 ✓
* **물질**	물체를 이루고 있는 재료로, 부피와 무게가 있는 모든 것	☐
* **밀도**	어떤 물질의 단위 부피만큼의 고유한 양	☐
* **끓는점**	액체 물질이 끓기 시작하는 온도	☐
* **녹는점**	고체가 녹아서 액체 상태로 바뀌기 시작하는 온도	☐
* **용해도**	일정한 조건의 액체 속에서 어떤 물질이 녹는 최대의 양	☐

과학주제 07 날말밭 일일학습

1단계 확인과 적용

정답 및 해설 31쪽

01 다음 날말의 뜻으로 알맞은 것을 보기에서 찾아 기호를 쓰세요.

보기
㉠ 액체 물질이 끓기 시작하는 온도.
㉡ 어떤 물질의 단위 부피만큼의 고유한 양.
㉢ 고체가 녹아서 액체 상태로 바뀌기 시작하는 온도.

(1) 밀도 (㉡) (2) 녹는점 (㉢) (3) 끓는점 (㉠)

02 다음 문장의 빈칸에 들어갈 날말을 찾아 선으로 이으세요.

(1) 공기와 같이 눈에 보이지 않는 [ ]도 부피를 지닌다. — ㉠ 물질

(2) [ ]은/는 물질이 액체에 녹는 최대의 양을 의미한다. — ㉡ 용해도

(3) [ ]이/가 낮은 물질은 열을 조금만 받아도 액체 상태에서 기체 상태로 변한다. — ㉢ 끓는점

해설
②의 밑줄 친 부분에는 '고체가 녹아서 액체 상태로 바뀌기 시작하는 온도'라는 뜻의 '녹는점'이 들어가야 합니다.

03 다음 문장 중 밑줄 친 날말이 바르게 사용된 것을 찾아 ○표 하세요.

① 물체의 밀도가 높을수록 더 무겁게 느껴질 수 있다. (○)
② 끓는점이 낮은 물질은 상온에서도 쉽게 녹을 수 있다. ( )

해설
'액체 상태의 물질이 기체 상태로 바뀔 뿐이다.'라는 내용을 통해, 빈칸에 공통으로 '⑤ 끓는점'이 들어가야 알맞습니다.

04 다음 빈칸에 공통으로 들어갈 날말로 알맞은 것은 무엇인가요? (⑤)

일정한 압력에서 순수한 물질의 [ ]은/는 물질의 양이나 불꽃의 세기와 관계없이 항상 일정하다. 즉, 순수한 물질이 [ ]에 이르면 열을 계속 가해도 온도가 더 이상 높아지지 않으면서 액체 상태의 물질이 기체 상태로 바뀔 뿐이다. 단, 같은 세기의 불꽃으로 가열할 때 액체의 양이 많을수록 [ ]에 도달하는 시간이 더 오래 걸린다.

① 굴절 ② 밀도 ③ 흔적 ④ 녹는점 ⑤ 끓는점

05 다음 ㉠과 ㉡에 들어갈 알맞은 날말을 보기에서 찾아 쓰세요.

보기
물질 밀도 끓는점

㉠ 은/는 ㉡ 의 특성을 이해하는 데 중요한 개념이다. ㉠ 이/가 높으면 물체가 더 무겁고, 낮으면 더 가볍다. 예를 들어, 기름은 물보다 ㉠ 이/가 낮은 ㉡ (이)라서 물 위에 떠오른다. 이 현상은 기름이 물과 섞이지 않는 것을 보여 준다.

(1) ㉠: (밀도) (2) ㉡: (물질)

해설
이 글은 설탕이 들어간 음료를 만들 때 설탕이 녹는 정도에 따라 음료의 맛이 균일하지 않을 수 있다는 것을 설명하고 있으므로, 빈칸에는 '⑤ 용해도'가 들어가야 알맞습니다.

06 다음 빈칸에 들어갈 날말로 알맞은 것은 무엇인가요? (⑤)

설탕이 들어간 음료를 만들 때는 설탕이 물에 얼마나 잘 녹는지가 중요하다. 따뜻한 물에 설탕을 넣으면 설탕이 잘 녹아서 음료의 맛이 고르게 좋아진다. 반면에 차가운 물에서는 설탕의 [ ]이/가 낮아 설탕이 잘 녹지 않아서 음료의 맛이 균일하지 않을 수 있다. 이러한 원리를 이해하면 음료를 더욱 맛있게 만들 수 있다.

① 도체 ② 물질 ③ 녹는점 ④ 부도체 ⑤ 용해도

2단계 활용

07 다음 보기와 같이 주어진 날말을 넣어 짧은 문장을 만들어 쓰세요.

보기
용해도
⟶ 용해도가 높으면, 같은 온도에서 더 많은 양의 물질이 녹을 수 있다.

(1) 물질
예) 같은 종류의 물질은 물질의 양에 관계없이 밀도가 일정하다.

(2) 녹는점
예) 고체가 녹는점에 도달하면 액체로 변한다.

정답 및 해설 **31**

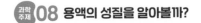

과학 주제 08 용액의 성질을 알아볼까?

산도 ↑

집에서 식용유를 사용하여 여러 번 튀김 요리를 하면 폐식용유가 만들어져요. 폐식용유는 시간이 지나면 산도가 높아질 수 있어요.

酸 초 산, 度 법도 도

산 도

나는 산성이야

폐식용유는 산성을 띠어요. 이런 폐식용유는 환경에 해로운 물질이 되어 오염을 일으킬 수 있기 때문에 올바르게 처리해야 해요.

酸 초 산, 性 성품 성

산 성

용 액

우리는 집에서 폐식용유와 수산화 나트륨을 섞은 용액을 사용해서 비누를 만들 수 있어

溶 질펀히 흐를 용, 液 진 액

鹽 소금 염, 基 터 기, 性 성품 성

염 기 성

폐식용유 안에 있는 지방산과 수산화 나트륨이 만나면 용액이 걸쭉해져요. 이를 굳히면 염기성을 지닌 비누가 만들어져요.

指 가리킬 지, 示 보일 시, 藥 약 약

지 시 약

리트머스 종이는 산성과 염기성에 따라 색이 변하는 지시약이에요. 이 지시약을 사용하면 비누가 염기성인지 알 수 있어요.

다음 글을 읽으며, 빈칸에 들어갈 낱말을 낱말밭에서 찾아 써 보세요.

설탕물은 물에 설탕을 녹여 만든 물질이다. 이처럼 두 가지 이상의 물질이 고루 섞여 만들어진 액체를 **용액**(이)라고 한다.

용액들은 산성도에 따라 크게 **산성**와/과 **염기성**(으)로 나뉜다. 이때 기준이 되는 수치는 'pH'이며, 0에서 14까지의 범위로 나타낼 수 있다. 수치가 낮을수록 **산도**이/가 높으며, 용액의 pH가 7보다 작으면 산성으로 분류된다. 산성 용액은 시큼한 맛이 나고, 달걀 껍데기나 대리석 같은 탄산칼슘을 녹인다. 식초, 레몬즙, 탄산음료 등이 대표적이다. 반면에, 용액의 pH가 7보다 크면 염기성이라고 한다. 염기성 용액은 쓴맛이 나고, 삶은 달걀의 흰자나 두부 같은 단백질을 녹인다. 세정제, 석회수, 비눗물 등이 대표적이다.

어떤 용액이 산성인지 염기성인지는 **지시약**를 사용하여 판별할 수 있다. 리트머스 종이를 지시약으로 사용하여 용액에 담갔을 때, 종이가 붉게 변하면 산성이고, 푸르게 변하면 염기성이다. 한편, 산성 용액과 염기성 용액을 같은 비율로 섞으면 서로의 성질이 사라지면서 약 pH 7 정도의 중성 용액이 된다.

사전		확인 ✓
* 용액	두 가지 이상의 물질이 녹아서 고루 섞인 액체	☐
* 산도	산성의 세기를 나타내는 정도	☐
* 산성	물에 녹으면 신맛을 내고, 용액의 피에이치(pH)가 7보다 작은 성질	☐
* 염기성	산성의 작용을 중화하고, 용액의 피에이치(pH)가 7보다 큰 성질	☐
* 지시약	접촉한 용액의 성질에 따라 눈에 띄는 변화를 일으키는 물질	☐

과학 주제 08 낱말밭 일일학습

1단계 확인과 적용

01 다음 뜻을 가진 낱말로 알맞은 것을 찾아 선으로 이으세요.

(1) 산성의 세기를 나타내는 정도. · · 산도
(2) 두 가지 이상의 물질이 녹아서 고루 섞인 액체. · · 용액
(3) 접촉한 용액의 성질에 따라 눈에 띄는 변화를 일으키는 물질. · · 지시약

02 다음 빈칸에 들어갈 낱말을 보기에 있는 글자 카드로 만들어 쓰세요.

보기 | 시 | 기 | 약 | 염 | 성 | 지 |

(1) 비누는 pH가 7보다 큰 **염기성** 물질이다.
(2) **지시약**의 색 변화를 통해 용액의 성질을 눈으로 확인할 수 있다.

03 다음 문장에 어울리는 낱말을 찾아 ○표 하세요.

(1) 소금과 물이 잘 섞이면 투명한 (**용액** / 지시약)이 된다.
(2) 레몬은 강한 (**산성** / 염기성)을 띠고 있어 먹으면 입안이 시큼해진다.
(3) 대도시에 내리는 산성비의 (밀도 / **산도**)는 보통 pH 4에서 5 사이이다.

해설
밑줄 친 부분의 'pH가 7보다 큰 성질.'이라는 내용을 통해 '산성의 작용을 중화하고, 용액의 피에이치(pH)가 7보다 큰 성질.'이라는 뜻의 '④ 염기성'과 바꿔 쓸 수 있음을 알 수 있습니다.

04 다음 밑줄 친 부분과 바꿔 쓸 수 있는 낱말로 알맞은 것은 무엇인가요? (④)

일반적인 우동이나 국수의 면을 만들 때는 밀가루에 물과 소금이 첨가된다. 이와 달리 라면에는 보통 pH가 7보다 큰 성질을 띠는 간수가 들어가는데, 이 간수는 열을 가하면 색이 노랗게 변한다. 그래서 인스턴트 라면이 대부분 노란 빛을 띠는 것이다. 만약에 이 간수에 붉은색 리트머스 종이를 넣으면 푸른색으로 변할 것이다.

① 도체　② 산성　③ 용액　④ 염기성　⑤ 부도체

해설
'설탕물은 설탕이 물에 녹아 고루 섞인 상태를 의미한다.'라는 내용을 통해, 빈칸에는 '두 가지 이상의 물질이 녹아서 고루 섞인 액체.'라는 뜻의 '④ 용액'이 들어가야 합니다.

05 다음 빈칸에 공통으로 들어갈 낱말로 알맞은 것은 무엇인가요? (④)

☐☐의 이름은 일반적으로 녹는 물질의 이름을 앞에 두고, 녹이는 물질의 이름을 뒤에 붙여 쉽게 부른다. 따라서 ☐☐의 성분을 이름만으로도 쉽게 알 수 있다. 예를 들어, '설탕물'은 설탕이 물에 녹아 고루 섞인 상태를 의미하며, 이를 통해 ☐☐의 성분을 간단히 알 수 있다.

① 물질　② 밀도　③ 산도　④ 용액　⑤ 지시약

06 다음 빈칸에 들어갈 알맞은 낱말을 보기에서 찾아 쓰세요.

보기 | 산성 | 용액 | 지시약 |

학생: 선생님, 음식점에서 생선회를 시키면 왜 레몬 조각을 함께 주는 건가요?
선생님: 그건 비린내를 없애기 위해서예요. 생선의 신선도가 떨어지면 생선 몸 안에 있는 특정 화학 물질이 비린내를 유발하는 물질로 변해요. 이 물질은 염기성이에요. 레몬즙은 산도가 높은 ☐☐이므로 비린내를 유발하는 염기성 물질과 결합하면서 중성으로 바뀌어요. 그래서 비린내를 줄이는 데 도움을 줘요.
학생: 네, 이제 레몬 조각을 주는 이유를 알겠어요.

(**산성**)

해설
이 글은 생선의 비린내를 없애기 위해 비린내를 유발하는 염기성 물질과 레몬의 산성을 결합하게 하여 중성으로 바꾼다는 내용입니다. 그러므로 빈칸에는 '산성'이 들어가야 합니다.

2단계 활용

07 다음 보기의 낱말 중 두 개를 골라서 짧은 문장을 만들어 쓰세요.

보기 | 산도 | 산성 | 용액 | 염기성 |

(1) **낱말** 예 산도, 산성
문장 예 탄산음료와 같이 산도가 높은 음료는 산성 물질이 많아 건강에 좋지 않다.

(2) **낱말** 예 용액, 염기성
문장 예 염기성 용액은 붉은색 리트머스 종이를 푸른색으로 변화시킨다.

공부한 날짜   월   일

05~08 낱말밭 주간학습

정답 및 해설 33쪽

01 다음 빈칸에 들어갈 낱말을 보기에서 찾아 쓰세요.

보기
반사   부도체   용해도

(1) 무지개는 햇빛이 빗방울에 (반사)되어 만들어진다.
(2) 고무는 전기가 거의 통하지 않아 (부도체)로 사용된다.
(3) 특정 약물은 (용해도)가 낮아서 몸에 흡수되기 어려울 수 있다.

02 다음 문장에 어울리는 낱말을 찾아 ○표 하세요.

(1) (산성 , 염기성) 비료는 토양의 pH를 낮추는 데 도움을 준다.
(2) 금속은 (끓는점 , 녹는점)이 높아서 고온에서도 견딜 수 있다.
(3) 해와 별뿐만 아니라 손전등, 촛불, 라이터 등도 (광원 , 반사)이다.

03 다음 빈칸에 들어갈 낱말을 보기에 있는 글자 카드로 만들어 쓰세요.

보기
굴   액   진   절   용   직

(1) 빛이 (굴절)되면 물체가 본래의 모습과 다르게 보인다.
(2) 탄산음료는 물에 이산화 탄소와 설탕 등을 녹인 (용액)이다.
(3) 햇빛이 건물을 향해 곧게 (직진)하면서 도로에 건물의 그림자가 드리워졌다.

04 다음 빈칸에 들어갈 낱말로 알맞은 것은 무엇인가요? (③)

일반 담배에 들어 있는 니코틴은 중독성이 매우 강한 독성 □□(이)다. 이 때문에 흡연으로 죽는 한국인은 매년 약 5만 8천 명에 이른다. 심지어 간접흡연에 비롯된 질병으로도 많은 사람이 죽는다. 흡연은 폐암, 심장병 등의 주요 원인이며, 이로 인한 의료비, 화재 및 환경 정화 비용 등 사회적 비용도 매년 약 12조 원이 든다.

① 광원   ② 도체   ③ 물질   ④ 전류   ⑤ 용액

해설
빈칸에는 담배를 이루고 있는 재료인 니코틴을 포괄적으로 나타내는 낱말이 들어가야 하므로, '물체를 이루고 있는 재료로, 부피와 무게가 있는 모든 것.'이라는 뜻인 ③ 물질이 들어가야 알맞습니다.

05 다음 빈칸에 공통으로 들어갈 낱말로 알맞은 것은 무엇인가요? (①)

마네와 모네, 고흐 등으로 대표되는 인상파 화가들은 □□을/를 주요 주제로 삼았다. 이들은 □□이/가 비치는 정도와 대기의 상태에 따라 동일한 대상도 색과 인상이 달라진다는 사실에 주목하고 이를 그림으로 표현했다. 그래서 인상파 화가들은 어두운 작업실 대신 밝은 야외로 나가 햇빛 아래에서 일상적인 풍경을 그렸다.

① 빛   ② 굴절   ③ 용액   ④ 전기   ⑤ 전류

06 다음 밑줄 친 낱말과 뜻이 반대되는 낱말로 알맞은 것은 무엇인가요? (④)

사과를 깎아서 공기 중에 두면 표면이 갈색으로 변하는 갈변 현상이 일어난다. 갈변 현상은 사과의 폴리페놀 성분과 관련이 있다. 이 성분은 pH 5.5~7의 약한 산성의 환경에서 가장 활성화된다. 따라서 산도가 높은 레몬즙이나 식초를 조금 뿌려 사과의 산도를 pH 5.5 이하로 낮추면 갈변 현상을 줄일 수 있다.

① 반사   ② 산도   ③ 전류   ④ 염기성   ⑤ 지시약

해설
'산성'과 반대되는 낱말은 '산성의 작용을 중화하고, 용액의 피에이치(pH)가 7보다 큰 성질.'이라는 뜻의 ④ 염기성입니다.

07 다음 ⊙과 ⓒ에 들어갈 알맞은 낱말을 바르게 짝 지은 것은 무엇인가요? (⑤)

전기 회로에서 □⊙□(으)로 연결된 전구는 일렬로 연결되어 있어서 하나가 꺼지면 나머지 전구들도 모두 꺼진다. 반면에 다른 방식으로 전구가 □ⓒ□(으)로 연결되어 있으면, 하나의 전구가 꺼져도 나머지 전구는 계속 켜져 있다.

① ⊙: 병렬 - ⓒ: 용액   ② ⊙: 병렬 - ⓒ: 직렬   ③ ⊙: 전류 - ⓒ: 직렬
④ ⊙: 직렬 - ⓒ: 전류   ⑤ ⊙: 직렬 - ⓒ: 병렬

08 다음 ⊙이 가리키는 낱말로 알맞은 것은 무엇인가요? (①)

사람들이 힘들게 입으로 풍선에 바람을 불어 넣어도 풍선이 저절로 뜨지 않는다. 풍선이 공중에 뜨려면 풍선 안에 든 기체가 공기보다 가벼워야 하기 때문이다. 입에서 나온 바람은 공기와 비슷한 ⊙'이것'을 가지고 있어 풍선이 뜨지 않는 것이다. 반면에 놀이공원에서 파는 풍선에는 공기보다 가벼운 헬륨 가스가 들어 있어 저절로 뜨는 것이다.

① 밀도   ② 산성   ③ 녹는점   ④ 용해도   ⑤ 끓는점

해설
입에서 분 바람이 공기와 비슷한 성질을 가지고 있어서 입으로 분 풍선이 공중에 저절로 뜨지 않는다는 내용을 통해 ⊙이 가리키는 낱말은 '어떤 물질의 단위 부피만큼의 고유한 양.'이라는 뜻의 ① 밀도라는 것을 알 수 있습니다.

[09~11] 다음 글을 읽고, 물음에 답하세요.

인덕션 레인지의 구조와 작동 원리

인덕션 레인지는 열효율이 매우 높아서 가스레인지 등 다른 조리 기기에 비해 물의 온도를 □⑦□까지 가장 빨리 올릴 수 있다. 또한, 불을 사용하지 않아 화상이나 화재의 위험이 적다.
인덕션 레인지는 코일과 온도 감지기 등의 내부 장치와 프라이팬이나 냄비 등을 올려놓을 수 있는 상판으로 구성된다. 인덕션 내부의 핵심 장치는 촘촘한 코일이다.
이 코일에 전류가 흐르면, 코일 주변에 수시로 방향이 변하는 자기장이 만들어진다. 코일은 구리 같은 도체로 된 쇠붙이 줄을 나사 모양이나 원기둥 모양으로 여러 번 감아 만든 것이고, 자기장은 자석과 같은 성질이 미치는 공간이다.
코일에 형성된 자기장 위에 ⑨전기가 잘 흐르는 물질로 된 조리 용기를 올리면, 이 용기 내부에 소용돌이 형태의 전류가 생성된다. 이 전류가 조리 용기의 금속 성분과 충돌하면서 열을 만들어 상판의 프라이팬이나 냄비가 가열된다.
인덕션 레인지의 상판은 열에 강하고 전기가 흐르지 않는 재료로 만들어지는데, 일반적으로 강화 세라믹을 사용한다. 따라서 일반 세제가 아닌 인덕션 레인지 전용 세제를 사용하는 것이 좋다. 이 전용 세제는 상판의 재료를 보호할 수 있는 여러 물질을 섞어 놓은 액체 상태의 □ⓒ□이다.

해설
'열 또는 전기가 잘 통하는 물질.'을 '도체'라고 합니다.

09 ⑦와 바꾸어 쓸 수 있는 낱말을 윗글에서 찾아 두 글자로 쓰세요.

(도체)

10 ⊙과 ⓒ에 들어갈 알맞은 낱말을 바르게 짝 지은 것은 무엇인가요? (④)

① ⊙: 녹는점 - ⓒ: 용액   ② ⊙: 녹는점 - ⓒ: 전류   ③ ⊙: 용해도 - ⓒ: 용액
④ ⊙: 끓는점 - ⓒ: 용액   ⑤ ⊙: 끓는점 - ⓒ: 지시약

해설
'물의 온도를 가장 빨리 올릴 수 있다.'라는 내용을 통해 ⊙에는 '액체 물질이 끓기 시작하는 온도.'라는 뜻의 '끓는점'이, '여러 물질을 섞어 놓은 액체 상태'라는 내용을 통해 ⓒ에는 '두 가지 이상의 물질이 녹아서 고루 섞인 액체.'라는 뜻의 '용액'이 들어가야 합니다.

11 다음 빈칸에 들어갈 낱말을 윗글에서 찾아 두 글자로 쓰세요.

인덕션 레인지는 □□의 특성을 활용하여 열을 발생시키는 조리 기기이다. 따라서 전기가 통하면서 철 성분을 지닌 조리 용기를 사용해야 한다.

(전류)

디지털 속 한 문장

정답 및 해설 33쪽

다음 신문 기사를 읽고, 산성이라는 낱말을 넣어 ☐에 들어갈 답글을 써 보세요.

🏠 홈 > 능률 신문 > 환경 기사   ⭐ 🔗 🖨

지금 내리는 비가 산성비라고?

산성비는 공장이나 자동차에서 나오는 오염원 가스가 공기 중에 섞여서 비에 녹아내리면서 발생한다. 일반적으로 비의 산성이 pH 5.6 이하일 때 산성비로 분류된다. 산성비는 토양의 산도를 높여서 농작물의 성장을 방해하는 등 생태계에 심각한 피해를 줄 수 있다. 이러한 영향은 산성비가 지속될 경우 더욱 커질 수 있으므로 주의가 필요하다. 따라서 환경을 보호하기 위해 오염 물질의 배출량을 줄이는 노력이 중요하다.

좋아요 👍

> 박은영 산성비가 무엇인지 정확히 알게 되었어.   답글
> 이해준 자동차에서 나오는 매연을 줄이기 위해 가까운 곳은 걸어 다녀야겠어.

[입력]

목록 인쇄   답변 수정 삭제 글쓰기

✏️ **예** 산성비는 강물 등을 오염시켜서 산성 지하수를 만들기도 한대. 산성 지하수는 그 물을 먹는 생물이 잘 자랄 수 없게 만들어.

어휘평가 정답 및 해설

국어 어휘평가

01 ④   02 ①   03 ①   04 ③   05 ③   06 ①
07 ④   08 ①   09 ②   10 ④   11 ①   12 ④
13 ④   14 ④   15 ①   16 ④   17 ③

02 밑줄 친 부분은 '마음속에서 일어나는 느낌이나 생각.' 이라는 뜻의 '① 감상'으로 바꾸어 쓸 수 있습니다.

03 ①에서 '답변을 하지 못했다'라는 부분을 통해, '타협'보다는 '질의'가 들어가야 알맞습니다.

04 문맥상 빈칸에는 '이미 아는 정보를 바탕으로 삼아 다른 판단을 이끌어 내는 것.'이라는 뜻의 '③ 추론'이 들어가야 알맞습니다.

05 빈칸에 공통으로 들어갈 낱말은 '부름이나 물음에 답함.'이라는 뜻의 '③ 응답'이 들어가야 알맞습니다.

07 '명제'의 뜻은 '참과 거짓을 판단할 수 있는 내용을 짧고 분명하게 제시한 문장.'입니다.

08 '사실보다 지나치게 불려서 나타냄.'이라는 뜻의 '① 과장'이 가장 알맞습니다.

09 밑줄 친 부분은 '남의 주장이나 의견에 반대하여 말하는 것.'이라는 뜻의 '② 반론'과 뜻이 비슷합니다.

10 빈칸에는 '어떤 문제를 조금씩 양보하여 해결함.'이라는 뜻의 '④ 타협'이 들어가야 알맞습니다.

11 ㉠을 나타내는 낱말은 '연극이나 영화를 만들기 위하여 쓴 글.'이라는 뜻의 '① 극본'이 알맞습니다.

12 ㉡은 '내용을 발전시켜 펼쳐 나가다.'라는 뜻의 '④ 전개되다'로 바꿔 쓸 수 있습니다.

13 ㉮에는 '이루려고 하는 일이나 방향.'이라는 뜻을 지닌 '목적'이, ㉯에는 '마주 대하여 이야기를 주고받음.'이라는 뜻을 지닌 '대화'가 들어가는 것이 알맞습니다.

15 ②는 '감상', ③은 '주장', ④는 '인물', ⑤는 '대상'의 뜻입니다.

16 '명제'는 '참과 거짓을 판단할 수 있는 내용을 짧고 분명하게 제시한 문장.'이라는 뜻입니다. 그러므로 ㉣에는 '어떤 주장이나 의견이 나오게 된 바탕이나 까닭.'이라는 뜻의 '근거'가 들어가야 알맞습니다.

사회 어휘평가

01 ②   02 ⑤   03 ⑤   04 ①   05 ⑤   06 ③
07 ③   08 ⑤   09 ①   10 ④   11 ③   12 ①
13 ④   14 ③   15 ⑤   16 ③   17 ④

01 ①은 '정치', ③은 '민주', ④는 '평화', ⑤는 '권력'의 뜻입니다.

03 빈칸에는 '나라를 다스리는 규칙들을 모아 놓은 최고의 법'이라는 뜻의 '⑤ 헌법'이 들어가야 알맞습니다.

04 밑줄 친 부분은 '바람직하게 이루어 낸 결과.'라는 뜻의 '① 성과'와 바꾸어 쓸 수 있습니다.

05 ⑤의 '수탈'은 '강제로 빼앗음.'이라는 뜻이고, '탄압'은 '권력이나 무력으로 억지로 눌러 꼼짝 못 하게 함.'이라는 뜻이므로 반대되는 말이 아닙니다.

06 '우리나라가 남북으로 되어서 오갈 수 없다.'라는 내용을 통해, 빈칸에는 처음에 하나였던 것을 동강이 나게 끊어 가름.'이라는 뜻의 '③ 분단'이 들어가야 알맞습니다.

07 빈칸에는 '말썽을 일으켜 시끄럽고 복잡하게 다툼.'이라는 뜻의 '③ 분쟁'이 들어가야 알맞습니다.

08 빈칸에 공통으로 들어갈 낱말은 '싸우던 두 나라가 합의하여 전쟁을 얼마 동안 멈추는 일.'이라는 뜻의 '⑤ 휴전'이 들어가야 알맞습니다.

09 '조약'의 뜻은 '국가 간의 권리와 의무를 국가 간의 협의에 따라 규정하는 일이나 글.'입니다.

10 빈칸에 공통으로 들어갈 낱말은 '두 대상이 서로 점점 더 달라지고 멀어짐.'이라는 뜻의 '④ 양극화'입니다.

12 빈칸 뒤의 '너무 추워서'라는 말을 볼 때, ㉮에는 '일정한 지역에서 여러 해에 걸쳐 나타나는 평균적인 날씨.'라는 뜻의 '① 기후'가 들어가야 알맞습니다.

15 ①은 '쇄국', ②는 '휴전', ③은 '세계화', ④는 '개화'의 뜻입니다.

16 '수출'은 '국내의 상품이나 기술을 다른 나라에 파는 것.'이라는 뜻입니다. 그러므로 ㉢에는 '다른 나라로부터 상품이나 기술 등을 국내로 사 오는 것.'이라는 뜻의 '수입'이 들어가야 알맞습니다.

01 ①	02 ③	03 ③	04 ③	05 ④	06 ③
07 ②	08 ④	09 ④	10 ⑤	11 ①	12 ①
13 ⑤	14 ②	15 ④	16 ①	17 ③	

01 밑줄 친 부분은 '빛이나 소리 등이 직진하다가 서로 다른 물질의 경계면을 지나면서 방향이 꺾이는 현상.'이라는 뜻의 '① 굴절'을 나타냅니다.

02 빛이 반사되어 사람의 눈에 들어오는 과정을 표현한 그림입니다. 그러므로 '한 방향으로 나아가던 빛이나 소리 등이 다른 물체에 부딪쳐서 나아가던 방향을 반대로 바꾸는 현상.'이라는 뜻의 '③ 반사'라고 나타낼 수 있습니다.

03 빈칸에는 '식물이나 동물의 조직을 이루는 가장 작은 단위.'라는 뜻의 '③ 세포'가 들어가야 알맞습니다.

04 ㉠에는 '몸속에 생긴 혈액의 찌꺼기를 걸러내어 오줌을 만드는 장기.'라는 뜻의 '콩팥'이, ㉡에는 '몸속에서 만들어진 여러 물질 중에 몸에 필요하지 않은 찌꺼기.'라는 뜻의 '노폐물'이 들어가는 것이 알맞습니다.

06 밑줄 친 부분은 '몸속에서 만들어진 여러 물질 중에 몸에 필요하지 않은 찌꺼기.'라는 뜻의 '③ 노폐물'과 바꾸어 쓸 수 있습니다.

07 빈칸에는 '한 천체가 다른 천체의 둘레를 일정하게 도는 일.'이라는 뜻의 '② 공전'이 들어가야 알맞습니다.

08 '백야'는 '밤인데도 어두워지지 않는 현상.'이라는 뜻입니다. '오랫동안 해가 뜨지 않고 밤만 계속되는 상태.'라는 뜻을 지닌 낱말은 '극야'입니다.

09 빈칸에는 '아주 옛날에 살았던 생물의 뼈나 흔적이 암석이나 지층 속에 남아 있는 것.'이라는 뜻의 '④ 화석'이 들어가야 알맞습니다.

10 그림 속 건전지의 연결 방식은 극을 다른 극끼리 일렬로 연결하는 '⑤ 직렬'입니다.

11 '염기성'과 반대되는 낱말은 '물에 녹으면 신맛을 내고, 용액의 피에이치(pH)가 7보다 작은 성질.'이라는 뜻의 '① 산성'입니다.

12 ㉠에는 '열 또는 전기가 잘 통하는 물질.'이라는 뜻의 '도체'가, ㉡에는 '열 또는 전기가 거의 통하지 않는 물질.'이라는 뜻의 '부도체'가 들어가는 것이 알맞습니다.

13 ①은 '고생물', ②는 '세포', ③은 '세포막', ④는 '용해도'의 뜻입니다.

15 ①은 '광원', ②는 '전류', ③은 '녹는점', ⑤ '지시약'의 뜻입니다.

16 '아주 옛날에 살았던 생물의 뼈나 흔적이 암석이나 지층 속에 남아 있는 것.'을 '㉠ 화석'이라고 합니다.

17 '㉣ 배출'과 뜻이 비슷한 낱말은 '혈액 속의 영양분을 흡수하고 남은 찌꺼기를 몸 밖으로 내보내는 일.'이라는 뜻의 '③ 배설'입니다.

어휘 실력을 확인하는 방법

맞은 개수 17~14개 실력이 매우 우수합니다.

어휘의 사전적·문맥적 의미를 정확하게 이해하며 낱말을 논리적으로 활용할 수 있습니다.

맞은 개수 13~8개 실력이 보통입니다.

학습하는 데 필요한 용어를 이해하고 구분하여 쓸 줄 압니다. 다만 아직 문맥 속에서 뜻을 유추하거나 활용하는 능력은 부족해 보입니다. 어휘 이해력과 활용 능력을 향상시킬 필요가 있습니다.

맞은 개수 7~0개 실력이 다소 부족합니다.

교과서에 자주 등장하는 학습 도구 어휘와 교과서를 이해하는 데 꼭 필요한 국어 개념 어휘를 이해하지 못해 교과서를 읽는 데 어려움을 겪을 것으로 보입니다. 기본적인 교과 개념 어휘를 익히는 훈련이 필요합니다.

달곰한 문해력 초등 어휘

학년별 시리즈 안내

추천 학년	단계	어휘 교과 영역
초 1~2학년	1단계	국어, 사회, 과학, 수학
초 1~2학년	2단계	국어, 사회, 과학, 수학
초 3~4학년	3단계	국어, 사회, 과학, 수학
초 3~4학년	4단계	국어, 사회, 과학, 수학
초 5~6학년	5단계	국어, 사회, 과학, 수학
초 5~6학년, 예비 중 1	6단계	국어, 사회, 과학, 수학

NE능률 국어연구소

NE능률 국어연구소는 전문성과 탁월성을 기반으로
국어교육 트렌드를 선도합니다.

달곰한 문해력 초등 어휘 6단계

펴 낸 날	2024년 11월 15일(초판 1쇄)
펴 낸 이	주민홍
펴 낸 곳	(주)NE능률
지 은 이	NE능률 문해력연구회
개 발 책 임	장명준
개 발	류예지, 이자원, 박수희
디자인책임	오영숙
디 자 인	민유화, 김명진
제 작 책 임	한성일
등 록 번 호	제1-68호
I S B N	979-11-253-4882-5 63710

대 표 전 화	02 2014 7114
홈 페 이 지	www.neungyule.com
주 소	서울시 마포구 월드컵북로 396(상암동) 누리꿈스퀘어 비즈니스타워 10층 (우편번호 03925)